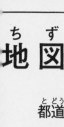
M000291235

都道府県名　(県庁所在地名)

中部地方

15　新潟　(新潟)

16　富山　(富山)

17　石川　(金沢)

18　福井　(福井)

19　山梨　(甲府)

20　長野　(長野)

21　岐阜　(岐阜)

22　静岡　(静岡)

23　愛知　(名古屋)

北海道地方

1　北海道　(札幌)

東北地方

2　青森　(青森)

3　岩手　(盛岡)

4　宮城　(仙台)

5　秋田　(秋田)

6　山形　(山形)

7　福島　(福島)

関東地方

8　茨城　(水戸)

9　栃木　(宇都宮)

10　群馬　(前橋)

11　埼玉　(さいたま)

12　千葉　(千葉)

13　東京　(東京)

14　神奈川　(横浜)

四国地方

36　香川　(高松)

37　徳島　(徳島)

38　愛媛　(松山)

39　高知　(高知)

みんなの日本語

初級 I 第2版

Minna no Nihongo

本冊

スリーエーネットワーク

Published by 3A Corporation.
Trusty Kojimachi Bldg., 2F, 4, Kojimachi 3-Chome, Chiyoda-ku, Tokyo 102-0083, Japan

ISBN978-4-88319-603-6 C0081

First published 1998
Second Edition 2012
Printed in Japan

まえがき

　本書は、『みんなの日本語』という書名が示すように、初めて日本語を学ぶ人が、だれでも楽しく学べるよう、また教える人にとっても興味深く教えられるように3か年以上の年月をかけて、企画・編集したもので、『新日本語の基礎』の姉妹編ともいうべき本格的な教科書です。

　ご存知のように、『新日本語の基礎』は技術研修生のために開発された教科書であるにもかかわらず、初級段階の日本語教材として、内容が十分整備され、短時間で日本語の会話を習得しようとする学習者にとって、学習効率が抜群によいところから、現在も国内はもちろん海外でも広く使われております。

　さて、近年日本語教育はますます多様化してきております。国際関係の発展に伴い諸外国との人的交流が深まる中、さまざまな背景と目的を持つ外国人が日本の地域社会に受け入れられてきています。このような外国人の増加による日本語教育をめぐる社会環境の変化はまた、それぞれの日本語教育の現場にも影響を及ぼし、学習ニーズの多様化と、それらに対する個別の対応がもとめられています。

　このような時期にあたり、スリーエーネットワークは、国の内外で長年にわたり日本語教育の実践に当たってこられた多くの方々のご意見とご要望にこたえて、『みんなの日本語』を出版することとなりました。すなわち、『みんなの日本語』は『新日本語の基礎』の特徴、学習項目と学習方法のわかりやすさを生かすとともに、会話の場面や登場人物など、学習者の多様化に対応して、より汎用性の高いものにするなど、国の内外のさまざまな学習者と地域の特性にも支障なく、日本語の学習が楽しく進められるように内容の充実と工夫を図りました。

　『みんなの日本語』の対象は、職場、家庭、学校、地域などで日本語によるコミュニケーションを今すぐ必要としている外国人のみなさんです。初級の教材ですが、登場する外国人のみなさんと日本人の交流の場面には、できるだけ日本事情と日本人の社会生活・日常生活を反映させるようにしました。主として一般社会人を対象にしていますが、もちろん大学進学の予備課程、あるいは専門学校・大学での短期集中用教科書としてもお勧めできるものです。

　なお、当社では学習者の多様性と現場の個々のニーズにこたえるため、今後も引き続き新しい教材を積極的に制作してまいりますので、変わらぬご愛顧をお願い申し上げます。

最後に、本書の編纂に当たりましては各方面からのご意見、授業での試用など、多大のご協力をいただきました。ここに深く感謝申し上げます。スリーエーネットワークはこれからも日本語学習教材の出版等を通じて、人と人とのネットワークを全世界に広げて行きたいと願っております。

　どうか一層のご支援とご鞭撻をお願い申し上げます。

　　　1998年3月

　　　　　　　株式会社スリーエーネットワーク　代表取締役社長　小川巌

第2版まえがき
『みんなの日本語 初級 第2版』発行によせて

　『みんなの日本語　初級　第2版』を発行することとなりました。『みんなの日本語初級』は初版の「まえがき」に記しましたように、技術研修生のために開発された『新日本語の基礎』の姉妹編とも言うべき教科書です。

　本書の初版第1刷発行は1998年3月です。この時期は、国際関係の発展に伴い、日本語教育をめぐる社会環境も変化し、急激に増加した学習者と学習目的、ニーズの多様化も著しく、それらに対する個別の対応が求められました。スリーエーネットワークは、国内外の日本語教育の実践現場から寄せられたご意見とご要望に応えて、『みんなの日本語　初級』を出版しました。

　『みんなの日本語　初級』は学習項目と学習方法のわかりやすさ、学習者の多様化に配慮した汎用性の高さ、また教材として内容が十分整備され、日本語の会話を短期間で習得しようとする学習者にとって学習効果が抜群によいとの評価を得て、10年以上にわたり、ご使用いただいてまいりました。しかし、「ことば」は時代とともに生きています。この間、世界も日本も激動の中にありました。特にこの数年は日本語と学習者を取り囲む状況は大きく変化しました。

　このような状況を踏まえ、今回、小社は外国人に対する日本語教育に更に貢献できますよう、出版・研修事業の経験、また学習者や教育現場からのご意見やご質問の蓄積をすべて還元する形で『みんなの日本語　初級Ⅰ・Ⅱ』を見直し、一部改訂を行いました。

　改訂の柱は運用力の向上と時代の流れにそぐわないことばや場面の変更です。学習者や教育現場のご意見を尊重し、従来の「学びやすく、教えやすい」教科書の構成を守り、また練習や問題を拡充しました。単に指示に従って受動的に練習を行うのではなく、状況を自分で把握し、考えて表現する産出力の強化を図りました。そのために、イラストを多用しました。

　なお、本書の編纂に当りましては各方面からのご意見、授業での使用など、多大なご協力をいただきましたことをここに深く感謝申し上げます。小社はこれからも日本語学習者にとって必要なコミュニケーションのためだけでなく、人と人との国際交流活動に貢献できる教材を開発し、皆様のお役に立つことを願っております。今後ともなお一層のご支援とご鞭撻をお願い申し上げます。

　　2012年6月

　　　　　　　　　　　株式会社スリーエーネットワーク　代表取締役社長　小林卓爾

本書をお使いになる方へ

Ⅰ．構成

『みんなの日本語　初級Ⅰ　第2版』は『本冊（CD付）』『翻訳・文法解説』からなる。『翻訳・文法解説』は英語版をはじめとして12か国語の出版が予定されている。

この教科書は日本語を話す・聞く・読む・書くの4技能を身につけることを目指して構成されている。ただし、ひらがな、かたかな、漢字などの文字の読み書き指導は『本冊』『翻訳・文法解説』には含まれていない。

Ⅱ．内容

1．本冊

1）**日本語の発音**　発音で注意すべき点について、主な例を提出してある。

2）**教室のことば、毎日のあいさつと会話表現、数字**

　　教室で使われることば、日常の基本的あいさつなどを掲げた。

3）**本課**　第1課から第25課まであり、内容は以下のように分けられる。

①　**文型**　その課で学ぶ基本文型を掲げてある。

②　**例文**　基本文型が実際にどのように用いられているかを短い談話の形で示した。また、新出の副詞、接続詞などの使い方や、基本文型以外の学習項目も示されている。

③　**会話**　会話には日本で生活する外国人が登場し、様々な場面を繰り広げる。各課の学習内容に加え、日常生活で使用されるあいさつなどの慣用表現を用い構成されている。余裕があれば、『翻訳・文法解説』中の参考語彙を利用して、会話を発展させることもできる。

④　**練習**　練習は、A、B、Cの三段階に分かれる。

　　練習Aは、文法的な構造を理解しやすいように、視覚的にレイアウトした。基本的な文型の定着を図るとともに、活用形の作り方、接続の仕方などが学びやすくなるよう配慮した。

　　練習Bでは、様々なドリル形式を用いて、基本文型の定着の強化を図る。➡のついた番号は、イラストを用いる練習を示す。

　　練習Cは、コミュニケーション力養成のための練習である。提示されてい

る会話の下線部のことばを状況にあったものに置き換えて会話を行うが、単なる代入練習にならないよう、代入肢を文字で示すことは極力避けた。そのため、一つの絵から学習者によって異なった会話例が想定される自由度の高い練習になっている。

なお練習B、練習Cの解答例は、別冊に収録した。

⑤ **問題** 問題には、聞き取り問題、文法問題および読解問題がある。聞き取りは、短い質問に答える問題と、短い会話のやり取りを聞いて要点を把握する問題がある。文法問題では、語彙や文法事項の理解を確認する。読解問題は、既習語彙、文法を使った平易な文を読んで、その内容に関する様々な形式のタスクをする。

⑥ **復習** 数課ごとに学習事項の要点を整理するために用意した。

⑦ **副詞・接続詞・会話表現のまとめ** この教科書に提出された副詞・接続詞・会話表現を整理するための問題を用意した。

4）動詞のフォーム

この教科書に提出された動詞のフォームについてのまとめを後続句とともに掲載した。

5）学習項目一覧

この教科書に提出された学習項目を練習Aを中心に整理した。文型、例文、および、練習B、練習Cとの関連がわかるようになっている。

6）索引

「教室のことば」「毎日のあいさつと会話表現」および各課の新出語彙、表現などが、それぞれの初出課とともに載せてある。

7）付属CD

本冊付属のCDには、各課の会話、問題の聞き取り部分が収録されている。

2．翻訳・文法解説

1）日本語の特徴、日本語の文字、日本語の発音についての説明

2）教室のことば、毎日のあいさつと会話表現の翻訳

3）第1課から第25課までの

① 新出語彙とその翻訳

② 文型、例文、会話の翻訳

③ その課の学習に役立つ参考語彙と日本事情に関する簡単な紹介

④　文型および表現に関する文法説明

４）数字、時の表現、期間の表し方、助数詞、動詞の活用などのまとめ

III．学習に要する時間

1課あたり4〜6時間、全体で150時間を目安としている。

IV．語彙

日常生活で使用頻度の高いものを中心に約1,000語を取り上げている。

V．表記

漢字は、原則として、「常用漢字表（1981年内閣告示）」による。

１）「熟字訓」（2文字以上の漢字を組み合わせ、特別な読み方をするもの）のうち、
「常用漢字表」の「付表」に示されるものは漢字で書いた。

例：友達　果物　眼鏡

２）国名・地名などの固有名詞、または、芸能・文化などの専門分野の語には、
「常用漢字表」にない漢字や音訓も用いた。

例：大阪　奈良　歌舞伎

３）見やすさを考慮し、かな書きにしたものもある。

例：ある（有る・在る）　たぶん（多分）　きのう（昨日）

４）数字は原則として算用数字を用いた。

例：9時　4月1日　1つ

VI．その他

１）文中で省略できる語句は、［　　　］でくくった。

例：父は　54［歳］です。

２）別の表現がある場合は、（　　　）でくくった。

例：だれ（どなた）

効果的な使い方

1. ことばを覚えます

『翻訳・文法解説』に各課の新しいことばと訳が提出されています。出てきた新しいことばを使って短い文を作る練習をしながら覚えるとよいでしょう。

2. 文型の練習をします

文型の正しい意味をとらえ、文の形がしっかり身につくまで声に出して「練習A」、「練習B」を練習します。

3. 会話の練習をします

「練習C」はひとまとまりの短いやり取りです。パターン練習だけで終わらず、会話を続け、膨らませるようにします。

「会話」は日常生活で実際に遭遇する場面を取り上げてあります。CDを聞きながら動作もつけて実際に演じてみると、自然なやり取りのリズムを身につけることができるでしょう。

4. 確認します

その課の学習の総仕上げとして「問題」があります。正しく理解したかどうか「問題」で確認します。

5. 実際に話してみます

学んだ日本語を使って日本人に話しかけてみます。習ったことをすぐ使ってみる。それが上達への近道です。

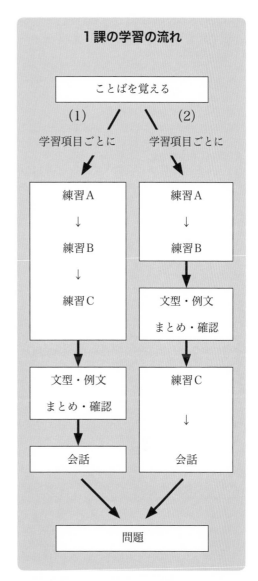

1課の学習の流れ

ことばを覚える

(1) 学習項目ごとに

練習A
↓
練習B
↓
練習C

文型・例文
まとめ・確認

会話

(2) 学習項目ごとに

練習A
↓
練習B

文型・例文
まとめ・確認

練習C
↓
会話

問題

（1）または（2）の流れで学習します。学習項目は巻末の学習項目一覧を見てください。

登場人物

マイク・ミラー

アメリカ、IMCの　社員

佐藤　けい子

日本、IMCの　社員

ジョゼ・サントス

ブラジル、ブラジルエアーの　社員

マリア・サントス

ブラジル、主婦

カリナ

インドネシア、富士大学の　学生

ワン・シュエ

中国、神戸病院の　医者

山田　一郎

日本、IMCの　社員

山田　友子

日本、銀行員

松本　正
日本、IMCの　部長

松本　良子
日本、主婦

木村　いずみ
日本、アナウンサー

ジョン・ワット
イギリス、さくら大学の　先生

カール・シュミット
ドイツ、パワー電気の　エンジニア

イー・ジンジュ
韓国、AKCの　研究者

テレーザ・サントス
ブラジル、小学生、9歳
ジョゼ・サントスと　マリアの　娘

山田　太郎
日本、小学生、8歳
山田　一郎と　友子の　息子

グプタ
インド、IMCの　社員

タワポン
タイ、日本語学校の　学生

※IMC（コンピューターの　ソフトウェアの　会社）
※AKC（アジア研究センター）

目 次

第1課 …………………………………………………………………… 6

　　　1．わたしは　マイク・ミラーです。

　　　2．サントスさんは　学生じゃ　ありません。

　　　3．ミラーさんは　会社員ですか。

　　　4．サントスさんも　会社員です。

　　　会話：初めまして

第2課 ………………………………………………………………… 14

　　　1．これは　辞書です。

　　　2．それは　わたしの　傘です。

　　　3．この　本は　わたしのです。

　　　会話：これから　お世話に　なります

第3課 ………………………………………………………………… 22

　　　1．ここは　食堂です。

　　　2．エレベーターは　あそこです。

　　　会話：これを　ください

復習A ………………………………………………………………… 30

第4課 ………………………………………………………………… 32

　　　1．今　4時5分です。

　　　2．わたしは　毎朝　6時に　起きます。

3. わたしは　きのう　勉強しました。
会話：そちらは　何時までですか

1. わたしは　京都へ　行きます。
2. わたしは　タクシーで　うちへ　帰ります。
3. わたしは　家族と　日本へ　来ました。
会話：この　電車は　甲子園へ　行きますか

1. わたしは　本を　読みます。
2. わたしは　駅で　新聞を　買います。
3. いっしょに　神戸へ　行きませんか。
4. ちょっと　休みましょう。
会話：いっしょに　行きませんか

1. わたしは　パソコンで　映画を　見ます。
2. わたしは　木村さんに　花を　あげます。
3. わたしは　カリナさんに　チョコレートを　もらいました。
4. わたしは　もう　メールを　送りました。
会話：いらっしゃい

1. 桜は　きれいです。
2. 富士山は　高いです。
3. 桜は　きれいな　花です。
4. 富士山は　高い　山です。
会話：そろそろ　失礼します

はじめに

1. 日本語の　発音

1. かなと　拍

ひらがな

あ	い	う	え	お
か	き	く	け	こ
さ	し	す	せ	そ
た	ち	つ	て	と
な	に	ぬ	ね	の
は	ひ	ふ	へ	ほ
ま	み	む	め	も
や	（い）	ゆ	（え）	よ
ら	り	る	れ	ろ
わ	（い）	（う）	（え）	を
ん				

きゃ	きゅ	きょ
しゃ	しゅ	しょ
ちゃ	ちゅ	ちょ
にゃ	にゅ	にょ
ひゃ	ひゅ	ひょ
みゃ	みゅ	みょ
りゃ	りゅ	りょ

が	ぎ	ぐ	げ	ご
ざ	じ	ず	ぜ	ぞ
だ	ぢ	づ	で	ど
ば	び	ぶ	べ	ぼ
ぱ	ぴ	ぷ	ぺ	ぽ

ぎゃ	ぎゅ	ぎょ
じゃ	じゅ	じょ
びゃ	びゅ	びょ
ぴゃ	ぴゅ	ぴょ

かたかな

ア	イ	ウ	エ	オ
カ	キ	ク	ケ	コ
サ	シ	ス	セ	ソ
タ	チ	ツ	テ	ト
ナ	ニ	ヌ	ネ	ノ
ハ	ヒ	フ	ヘ	ホ
マ	ミ	ム	メ	モ
ヤ	（イ）	ユ	（エ）	ヨ
ラ	リ	ル	レ	ロ
ワ	（イ）	（ウ）	（エ）	ヲ
ン				

キャ	キュ	キョ
シャ	シュ	ショ
チャ	チュ	チョ
ニャ	ニュ	ニョ
ヒャ	ヒュ	ヒョ
ミャ	ミュ	ミョ
リャ	リュ	リョ

ガ	ギ	グ	ゲ	ゴ
ザ	ジ	ズ	ゼ	ゾ
ダ	ヂ	ヅ	デ	ド
バ	ビ	ブ	ベ	ボ
パ	ピ	プ	ペ	ポ

ギャ	ギュ	ギョ
ジャ	ジュ	ジョ
ビャ	ビュ	ビョ
ピャ	ピュ	ピョ

2. 長音

おばさん：おば<u>あ</u>さん　　おじさん：おじ<u>い</u>さん　　ゆき：ゆ<u>う</u>き

え：え<u>え</u>　　とる：と<u>お</u>る

ここ：こ<u>う</u>こ<u>う</u>　　へや：へ<u>い</u>や

カ<u>ー</u>ド　　タクシ<u>ー</u>　　ス<u>ー</u>パ<u>ー</u>　　エスカレ<u>ー</u>タ<u>ー</u>　　ノ<u>ー</u>ト

3. 撥音

は<u>ん</u>たい　　う<u>ん</u>どう　　せ<u>ん</u>ろ　　み<u>ん</u>な

し<u>ん</u>ぶん　　え<u>ん</u>ぴつ　　う<u>ん</u>めい

て<u>ん</u>き　　け<u>ん</u>がく

4. 促音

ぶか：ぶ<u>っ</u>か　　かさい：か<u>っ</u>さい　　おと：お<u>っ</u>と

に<u>っ</u>き　　ざ<u>っ</u>し　　き<u>っ</u>て　　い<u>っ</u>ぱい　　コ<u>ッ</u>プ　　ベ<u>ッ</u>ド

5. 拗音

ひやく：<u>ひゃ</u>く　　じゆう：<u>じゅ</u>う　　びよういん：<u>びょ</u>ういん

<u>シャ</u>ツ　　お<u>ちゃ</u>　　<u>ぎゅ</u>うにゅう　　<u>きょ</u>う　　ぶ<u>ちょ</u>う　　<u>りょ</u>こう

6. アクセント

|にわ　なまえ　にほんご|【⌐_】|
|ほん　てんき　らいげつ|【⌐】|

たまご　ひこうき　せんせい　【_⌐_】

くつ　やすみ　おとうと　【_⌐】

はし：はし　　いち：いち

東京アクセント：大阪アクセント

はな：はな

りんご：りんご

おんがく：おんがく

7. イントネーション

佐藤：　　あした　友達と　お花見を　します。【→】

　　　　　ミラーさんも　いっしょに　行きませんか。【↗】

ミラー：　いいですね。【↘】

II. 教室の ことば

1. 始めましょう。
2. 終わりましょう。
3. 休みましょう。
4. わかりますか。　……はい、わかります。／いいえ、わかりません。
5. もう　一度　[お願いします]。
6. いいです。
7. 違います。
8. 名前
9. 試験、宿題
10. 質問、答え、例

III. 毎日の　あいさつと　会話表現

1. おはよう　ございます。
2. こんにちは。
3. こんばんは。
4. お休みなさい。
5. さようなら。
6. ありがとう　ございます。
7. すみません。
8. お願いします。

IV. 数字

0 …ゼロ、れい

1（一）…いち
2（二）…に
3（三）…さん
4（四）…よん、し
5（五）…ご

6（六）…ろく
7（七）…なな、しち
8（八）…はち
9（九）…きゅう、く
10（十）…じゅう

第1課

文型

1. わたしは　マイク・ミラーです。
2. サントスさんは　学生じゃ　ありません。
　　　　　　　　　　　　（では）
3. ミラーさんは　会社員ですか。
4. サントスさんも　会社員です。

例文

1. ［あなたは］　マイク・ミラーさんですか。
　……はい、［わたしは］　マイク・ミラーです。

2. ミラーさんは　学生ですか。
　……いいえ、［わたしは］　学生じゃ　ありません。

3. ワンさんは　銀行員ですか。
　……いいえ、［ワンさんは］　銀行員じゃ　ありません。
　　医者です。

4. あの　方は　どなたですか。
　……ワットさんです。　さくら大学の　先生です。

5. グプタさんは　会社員ですか。
　……はい、会社員です。
　カリナさんも　会社員ですか。
　……いいえ。　［カリナさんは］　学生です。

6. テレーザちゃんは　何歳ですか。
　……9歳です。

🔊 **CD01**　会話
^{かい}^わ

初めまして
^{はじ}

佐藤　：　おはよう　ございます。
^{さ とう}

山田　：　おはよう　ございます。
^{やま だ}

　　　　　佐藤さん、こちらは　マイク・ミラーさんです。
　　　　　^{さ とう}

ミラー：　初めまして。
　　　　　^{はじ}

　　　　　マイク・ミラーです。

　　　　　アメリカから　来ました。
　　　　　　　　　　　　^き

　　　　　どうぞ　よろしく。

佐藤　：　佐藤けい子です。
^{さ とう}　^{さ とう}　^こ

　　　　　どうぞ　よろしく。

練習A

1. わたし は マイク・ミラー です。
   かいしゃいん

   ワンさん ちゅうごくじん
   いしゃ

2. わたし は カール・シュミット じゃ ありません。
   きょうし （では）

   イーさん アメリカじん
   がくせい

3. あの 人（方） は きむらさん ですか。
   マリアさん
   だれ（どなた）

4. わたし は IMC の しゃいん です。
   カリナさん ふじだいがく がくせい
   ワットさん さくらだいがく せんせい

5. サントスさんは ブラジル人です。

   マリアさん も ブラジル人です。
   あの ひと

6. テレーザちゃん は 9さい です。
   たろうちゃん 8さい
   なんさい（おいくつ） ……か。

練習 B

1. 例： → ミラーさんは　アメリカ人です。

⬆　1) →　　　　2) →　　　　3) →　　　　4) →

2. 例： → ミラーさんは　会社員です。

⬆　1) →　　　　2) →　　　　3) →　　　　4) →

3. 例： ミラーさん・銀行員　→　ミラーさんは　銀行員じゃ　ありません。

⬆　1)　山田さん・学生　→
　　2)　ワットさん・ドイツ人　→
　　3)　タワポンさん・先生　→
　　4)　シュミットさん・アメリカ人　→

4. 例： ミラーさん・アメリカ人　→　ミラーさんは　アメリカ人ですか。
　　　　　　　　　　　　　　　　　……はい、アメリカ人です。
　　例： ミラーさん・医者　→　ミラーさんは　医者ですか。
　　　　　　　　　　　　　　　　　……いいえ、医者じゃ　ありません。
⬆　1)　山田さん・銀行員　→
　　2)　ワットさん・会社員　→
　　3)　タワポンさん・先生　→
　　4)　シュミットさん・ドイツ人　→

5. 例： → あの 方は どなたですか。
　　　　　　……グプタさんです。　IMCの 社員です。
　　　1）→　　　2）→　　　3）→　　　4）→

例　グプタ	1）イー	2）ワン	3）カリナ	4）サントス
IMC 社員	AKC 研究者	神戸病院 医者	富士大学 学生	ブラジルエアー 社員

6. 例： ミラーさん・会社員、グプタさん
　　　　→ ミラーさんは 会社員です。　グプタさんも 会社員ですか。
　　　　　　……はい、グプタさんも 会社員です。
　　例： ミラーさん・アメリカ人、グプタさん
　　　　→ ミラーさんは アメリカ人です。　グプタさんも アメリカ人ですか。
　　　　　　……いいえ、グプタさんは アメリカ人じゃ ありません。
　　1） 山田さん・銀行員、イーさん　→
　　2） ワットさん・先生、ワンさん　→
　　3） タワポンさん・学生、カリナさん　→
　　4） シュミットさん・ドイツ人、サントスさん　→

例　ミラー(28)	1）山田(38)	2）ワット(45)	3）タワポン(19)	4）シュミット(52)
アメリカ 会社員	日本 銀行員	イギリス 先生	タイ 学生	ドイツ 会社員
グプタ(42)	イー(35)	ワン(29)	カリナ(24)	サントス(39)
インド 会社員	韓国 研究者	中国 医者	インドネシア 学生	ブラジル 会社員

7. 例： ミラーさん　→　ミラーさんは 何歳ですか。……28歳です。
　　1） 山田さん　→　　　　　2） ワットさん　→
　　3） タワポンさん　→　　　4） シュミットさん　→

練習C

1. A: 初めまして。 マイク・ミラーです。
   アメリカから 来ました。 どうぞ よろしく。
   B: 佐藤です。 どうぞ よろしく。

1)
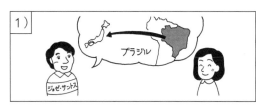

2)

2. A: 失礼ですが、お名前は?
   B: イーです。
   A: リーさんですか。
   B: いいえ、イーです。

1)

2)

3. A: 田中さん、おはよう ございます。
   B: おはよう ございます。
   A: こちらは ミラーさんです。
   C: 初めまして。 ミラーです。
   IMCの 社員です。
   どうぞ よろしく お願いします。
   B: 田中です。 よろしく お願いします。

1)

2)

1

🔊 CD02　1.　例：　<u>いいえ、[わたしは]　先生じゃ　ありません。</u>

　　　1）　_____

　　　2）　_____

　　　3）　_____

　　　4）　_____

　　　5）　_____

🔊 CD03　2.　例：　

　　　1）　

　　　2）　

🔊 CD04　3.　例1：（ × ）　例2：（ ○ ）

　　　1）（　　）　2）（　　）　3）（　　）

4. 例： あなたは （ 学生 ） ですか。
　　　　……はい、学生です。
　　1） あなたは （　　　　　） ですか。
　　　　……はい、ミラーです。
　　2） ミラーさんは （　　　　　） ですか。
　　　　……はい、アメリカ人です。
　　3） ワットさんも （　　　　　） ですか。
　　　　……いいえ、アメリカ人じゃ ありません。　イギリス人です。
　　4） あの 方は （　　　　　） ですか。
　　　　……サントスさんです。
　　5） テレーザちゃんは （　　　　　） ですか。
　　　　……9歳です。

5. 例： わたし （ は ） ミラーです。
　　1） ワンさん （　　　） 医者です。
　　2） カリナさん （　　　） 先生です （　　　）。
　　　　……いいえ、先生じゃ ありません。
　　3） ミラーさんは IMC （　　　） 社員です。
　　4） ミラーさんは 会社員です。
　　　　サントスさん （　　　） 会社員です。

6. 初めまして。
　　わたしは ＿＿＿＿＿＿＿＿＿＿＿＿＿です。
　　＿＿＿＿＿＿＿＿＿＿＿＿＿から 来ました。
　　どうぞ よろしく。

第2課

文型
ぶんけい

1. これは 辞書です。
じしょ

2. それは わたしの 傘です。
かさ

3. この 本は わたしのです。
ほん

例文
れいぶん

1. これは ボールペンですか。
　　……はい、そうです。

2. それは ノートですか。
　　……いいえ、[これは] 手帳 です。
てちょう

3. それは 何ですか。
なん
　　……名刺です。
めいし

4. これは 「9」ですか、「7」ですか。
　　…… 「9」 です。

5. それは 何の 雑誌ですか。
なん　ざっし
　　……コンピューターの 雑誌です。
ざっし

6. あれは だれの かばんですか。
　　……佐藤さんの かばんです。
さとう

7. これは ミラーさんのですか。
　　……いいえ、わたしのじゃ ありません。

8. この かぎは だれのですか。
　　……わたしのです。

CD05 **会話**

これから　お世話に　なります

山田一郎：　はい。　どなたですか。

サントス：　408の　サントスです。

....

サントス：　こんにちは。　サントスです。

　　　　　　これから　お世話に　なります。

　　　　　　どうぞ　よろしく　お願いします。

山田一郎：　こちらこそ　よろしく　お願いします。

サントス：　あのう、これ、コーヒーです。　どうぞ。

山田一郎：　どうも　ありがとう　ございます。

15

練習A

1. これは　| つくえ |　です。
   しんぶん
   めいし
   | なん |　……か。

2. それは　| ボールペン | ですか、| シャープペンシル | ですか。
   「1」　　　　　　　　「7」
   「あ」　　　　　　　　「お」

3. これは　| くるま | の　本です。
   コンピューター
   にほんご
   | なん |　…………か。

4. あれは　| わたし | の　かばんです。
   さとうさん
   せんせい
   | だれ |　………………か。

5. あれは　| わたし | のです。
   さとうさん
   せんせい
   | だれ |　………か。

6. この　| てちょう | は　わたしのです。
   かぎ
   かばん

練習B

1. 例1： → これは　雑誌です。
   例2： → それは　ノートです。
   例3： → あれは　辞書です。

   1) →　　　　　2) →　　　　　3) →

2. 例：　本　→　これは　本ですか。
   　　　　　　……はい、本です。
   例：　手帳　→　これは　手帳ですか。
   　　　　　　……いいえ、本です。

   1) 時計　→　　　　　　　2) ラジオ　→
   3) 鉛筆　→　　　　　　　4) いす　→

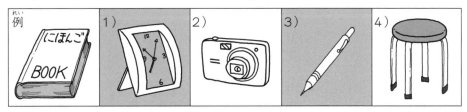

3. 例： → これは　何ですか。
   　　　　……本です。

   1) →　　　　2) →　　　　3) →　　　　4) →

4. 例：　シャープペンシル・ボールペン（ボールペン）
   　　　→　これは　シャープペンシルですか、ボールペンですか。
   　　　　　……ボールペンです。

   1) 本・雑誌（本）　→　　　　　2) 「い」・「り」（「り」）　→
   3) 「1」・「7」（「7」）　→　　　4) 「シ」・「ツ」（「シ」）　→

5. 例： かぎ → それは　何の　かぎですか。
　↓　　　　　　……車の　かぎです。
　　1）雑誌　→　　　　　　　　2）CD　→
　　3）雑誌　→　　　　　　　　4）本　→

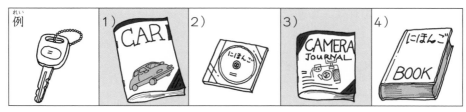

6. 例： → これは　だれの　ノートですか。
　↓　　　　……カリナさんの　ノートです。
　　1）→　　　　2）→　　　　3）→　　　　4）→

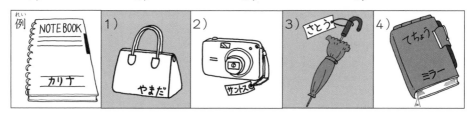

7. 例： カリナさん　→　これは　カリナさんのですか。
　↑　　　　　　　　　　……はい、カリナさんのです。
　　例： ミラーさん　→　これは　ミラーさんのですか。
　　　　　　　　　　　……いいえ、ミラーさんのじゃ　ありません。
　　1）ワンさん　→　　　　　　2）サントスさん　→
　　3）佐藤さん　→　　　　　　4）ワットさん　→

8. 例： → この　ノートは　だれのですか。
　↑　　　　……カリナさんのです。
　　1）→　　　　2）→　　　　3）→　　　　4）→

練習C

1. A： あのう、これ、お土産です。
   B： えっ、何ですか。
   A： <u>コーヒー</u>です。 どうぞ。
   B： どうも ありがとう ございます。

2. A： それは 何ですか。
   B： これですか。 <u>英語の CD</u>です。
   A： そうですか。

19

3. A： この <u>傘</u>は ミラーさんのですか。
   B： いいえ、違います。
   A： だれのですか。
   C： あ、わたしのです。
      ありがとう ございます。

ふりがな
問題

CD06 1.

1) _____

2) _____

3) _____

4) _____

5) _____

CD07 2. 1)

2)

CD08 3. 1)（　　）　2)（　　）　3)（　　）

4. 例：それは（　だれ、何、本　）ですか。……本です。

1) ミラーさんは（　どなた、何歳、何　）ですか。……28歳です。

2) ワンさんは（　だれ、先生、何　）ですか。……いいえ、違います。

3) それは（　イーさん、だれ、何　）の　雑誌ですか。

　　……カメラの　雑誌です。

4) これは（　わたし、あなた、あの　人　）のですか。

　　……はい、わたしのです。

5.

例： （　これ　） は　かぎです。

1） （　　　　　） は　ラジオです。

2） （　　　　　） は　テレビです。

3） （　　　　　） は　辞書です。

6． 例： あの　人は　（　だれ　） ですか。……ミラーさんです。

1） それは　（　　　　　　） ですか。……カメラです。

2） それは　（　　　　　　） の　CDですか。……韓国語の　CDです。

3） これは　（　　　　　　） の　鉛筆ですか。……木村さんの　鉛筆です。

7． 例： は／本／です／これ　→　これは　本です。

1） です／それ／は／の／わたし／かぎ　→

2） の／です／ミラーさん／辞書／は／この　→

3） だれ／その／の／か／傘／です／は　→

4） あれ／です／先生／机／の／は　→

21

8． 例： 山田　　　： はい。　どなたですか。

サントス： 408の　　　<u>サントスです</u>　　。

1） サントス： これから　<u>＿＿＿＿＿＿＿＿＿</u>。

どうぞ　よろしく。

山田　　　： こちらこそ　よろしく。

2） サントス： あのう、これ、お土産です。　<u>＿＿＿＿＿</u>。

山田　　　： えっ、何ですか。

サントス： コーヒーです。

山田　　　： <u>＿＿＿＿＿＿＿＿＿＿＿＿＿＿＿＿＿</u>。

第 3 課

文型

1. ここは　食堂です。
2. エレベーターは　あそこです。

例文

1. ここは　新大阪ですか。
   ……はい、そうです。

2. トイレは　どこですか。
   ……あそこです。

3. 山田さんは　どこですか。
   ……会議室です。

4. 事務所は　どちらですか。
   ……あちらです。

5. [お]国は　どちらですか。
   ……アメリカです。

6. それは　どこの　靴ですか。
   ……イタリアの　靴です。

7. この　時計は　いくらですか。
   ……18,600円です。

🔊 CD09 **会話**

<small>かい</small> <small>わ</small>

これを　ください

店員A：　いらっしゃいませ。
<small>てんいん</small>

マリア：　すみません。　ワイン売り場は　どこですか。
<small>う</small> <small>ば</small>

店員A：　地下1階です。
<small>てんいん</small> <small>ちか</small> <small>かい</small>

マリア：　どうも。

....

マリア：　すみません。　その　ワインを　見せて　ください。
<small>み</small>

店員B：　はい、どうぞ。
<small>てんいん</small>

マリア：　これは　どこの　ワインですか。

店員B：　日本のです。
<small>てんいん</small> <small>にほん</small>

マリア：　いくらですか。

店員B：　2,500円です。
<small>てんいん</small> <small>えん</small>

マリア：　じゃ、これを　ください。

練習 A

1. ここは　きょうしつ　です。
　　　　　　だいがく
　　　　　　ひろしま

2. 受付は　ここ　　です。
　　　　　　そこ
　　　　　　あそこ
　　　　　　どこ　……か。

3. 自動販売機は　2かい　　です。
　　　　　　　　　ロビー

　　佐藤さんは　じむしょ
　　　　　　　　しょくどう
　　　　　　　　どこ　　　……か。

4. エレベーターは　こちら　です。
　　　　　　　　　そちら
　　　　　　　　　あちら
　　　　　　　　　どちら　……か。

5. くに　　は　フランス　です。
　　かいしゃ　　IMC
　　だいがく　　さくらだいがく
　　　　　　　　どちら　　　……か。

6. これは　にほん　の　車です。
　　　　　アメリカ
　　　　　ドイツ
　　　　　どこ　………………か。

7. この　ネクタイは　1,500えん　です。
　　　　　　　　　　5,800えん
　　　　　　　　　　13,000えん
　　　　　　　　　　いくら　　……か。

練習B

1. 例： → ここは　食堂です。
   1) →
   2) →
   3) →
   4) →

2. 例： → トイレは　どこですか。
   　　　　……あそこです。
   1) 会議室　→　　2) 自動販売機　→　　3) 山田さん　→

3. 例： 自動販売機（2階）　→　自動販売機は　どこですか。
   　　　　　　　　　　　　……2階です。
   1) トイレ（1階）　→　　2) テレーザちゃん（教室）　→
   3) 食堂（地下）　→　　4) 会議室の　かぎ（事務所）　→

4. 例： 階段（あちら）　→　階段は　どちらですか。
   　　　　　　　　　　……あちらです。
   1) エスカレーター（そちら）　→　　2) 電話（こちら）　→
   3) カリナさんの　部屋（3階）　→　　4) うち（大阪）　→

5. 例: → ミラーさんの　お国は　どちらですか。

　　　　　　……アメリカです。

　　　1) →　　　　　2) →　　　　　3) →　　　　　4) →

例　ミラー	1) サントス	2) ワット	3) シュミット	4) カリナ
アメリカ	ブラジル	イギリス	ドイツ	インドネシア
IMC	ブラジルエアー	さくら大学	パワー電気	富士大学

6. 例: 会社 → ミラーさんの　会社は　どちらですか。

　　　　　　……IMCです。

　　　1)　会社 →　　　　　　　　2)　大学 →

　　　3)　会社 →　　　　　　　　4)　大学 →

7. 例: → これは　どこの　かばんですか。

　　　　　　……韓国の　かばんです。

　　　1) →　　　　　2) →　　　　　3) →　　　　　4) →

例	1)	2)	3)	4)
韓国 ¥7,300	フランス ¥3,200	日本 ¥25,800	アメリカ ¥143,000	ドイツ ¥4,500,000

8. 例: → この　かばんは　いくらですか。

　　　　　　……7,300円です。

　　　1) →　　　　　2) →　　　　　3) →　　　　　4) →

練習C

1. A: すみません。　<u>トイレ</u>は　どこですか。
   B: あそこです。
   A: どうも。

2. A: お国<ruby>国<rt>くに</rt></ruby>は　どちらですか。
   B: <u>タイ</u>です。
   A: うちは　どちらですか。
   B: <u>バンコク</u>です。
   A: そうですか。

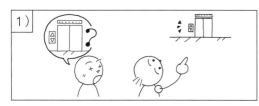

3. A: すみません。
   これは　どこの　<u>コーヒー</u>ですか。
   B: <u>インドネシア</u>のです。
   A: いくらですか。
   B: <u>600<ruby>円<rt>えん</rt></ruby></u>です。

<ruby>問題<rt>もんだい</rt></ruby>

CD10 1. 1) _____
      2) _____
      3) _____
      4) _____
      5) _____

CD11 2. 1) （　　） 2) （　　） 3) （　　） 4) （　　） 5) （　　）

3.

<ruby>例<rt>れい</rt></ruby>：（　ここ　）は（　<ruby>受付<rt>うけつけ</rt></ruby>　）です。

1) （　　　　）は（　　　　　　）です。

2) （　　　　）は（　　　　　　）です。

3) （　　　　）は（　　　　　　）です。

4) （　　　　）は（　　　　　　）です。

5) （　　　　）は（　　　　　　）です。

4. 例： （ わたし、 わたしは、 わたしの ） ミラーです。

   1） （ これ、 この、 ここ ） は ドイツの 車 です。

   2） （ それ、 その、 そこ ） かばんは （ わたし、 わたしは、

   わたしの ） です。

   3） 事務所は （ あれ、 あの、 あそこ ） です。

   4） すみません。 電話は （ だれ、 何、 どこ ） ですか。

5. 例： それは （ 何 ） ですか。

   ……辞書です。

   1） すみません。 トイレは （　　　　　） ですか。

   ……あちらです。

   2） ミラーさんは （　　　　　） ですか。

   ……会議室です。

   3） カメラ売り場は （　　　　　） ですか。

   ……5階です。

   4） お国は （　　　　　） ですか。

   ……ドイツです。

   5） 会社は （　　　　　） ですか。

   ……パワー電気です。

   6） パワー電気は （　　　　　） の 会社ですか。

   ……コンピューターの 会社です。

   7） これは （　　　　　） の ワインですか。

   ……イタリアの ワインです。

   8） この ワインは （　　　　　） ですか。

   ……2,800円です。

復習A

1. 例： わたし （ は ） マイク・ミラーです。

　1） A：受付 （　　　） どこです （　　　）。

　　　 B：あちらです。

　2） B：ワイン、どうぞ。　ドイツ （　　　） ワインです。

　　　 A：ありがとう　ございます。

　3） A：あの　方 （　　　）　どなたですか。

　　　 B：パワー電気 （　　　） シュミットさんです。

　　　 A：あの　方 （　　　）　パワー電気 （　　　）

　　　　　社員ですか。

　　　 B：いいえ。　あの　方 （　　　）

　　　　　ブラジルエアー （　　　） サントスさんです。

　4） A：パワー電気 （　　　） 何 （　　　）

　　　　　会社ですか。

　　　 B：コンピューター （　　　） 会社です。

　5） B：これ （　　　） ミラーさん （　　　） 傘ですか。

　　　 A：いいえ、違います。

　　　 C：あ、すみません。　わたし （　　　） です。

　　　 B：この　かぎ （　　　） あなた （　　　）

　　　　　ですか。

　　　 C：いいえ、わたし （　　　） じゃ

　　　　　ありません。

　　　 A：あ、それ （　　　） わたし （　　　） 車 （　　　） かぎです。

2. 例： あの　人は ［ だれ ］ですか。

　　　 ……ミラーさんです。

　1） A：こんにちは。　富士大学の　カリナです。

　　　 B：こんにちは。　教室は　2階です。

　　　 A：あのう、これは ［　　　　　］ですか。

　　　 B：さくら大学の　ボールペンです。

　　　 A：［　　　　　］ですか。

　　　 B：300円です。

　2） A：すみません。　トイレは ［　　　　　］ですか。

　　　 B：あちらです。

3) A：初めまして。 カリナです。 富士大学の 学生です。
　　B：初めまして。 タワポンです。
　　　　カリナさん、お国は ［　　　　］ですか。
　　A：インドネシアです。

4) A：あの 方は ［　　　　］ですか。
　　B：さくら大学の ワット先生です。

5) A：これは ［　　　　］の CDですか。
　　B：わたしのです。
　　A：［　　　　］の CDですか。
　　B：日本語の CDです。

3. 例： 45 （ よんじゅうご ）
　1) 28 　　　（　　　　　　　　　　）
　2) 360 　　（　　　　　　　　　　）
　3) 894 　　（　　　　　　　　　　）
　4) 1,500 　（　　　　　　　　　　）
　5) 8,010 　（　　　　　　　　　　）
　6) 17,640 　（　　　　　　　　　　）
　7) 53,100 　（　　　　　　　　　　）
　8) 136,200 （　　　　　　　　　　）
　9) 209,000 （　　　　　　　　　　）
　10) 4,300,000 （　　　　　　　　　　）

4. 例： 田中さんは 学生ですか。
　　…… （ a. いいえ、学生です　　ⓑ. いいえ、先生です ）。

　1) これは 手帳 ですか、ノートですか。
　　…… （ a. はい、手帳 です　　b. 手帳 です ）。

　2) あれは だれの かばんですか。
　　…… （ a. 田中さんです　　b. 田中さんのです ）。

　3) それは どこの 車ですか。
　　…… （ a. ドイツの 車です　　b. ミラーさんの 車です ）。

　4) あの 方は どなたですか。
　　…… （ a. 田中さんです　　b. 会社員です ）。

　5) この ボールペンは あなたのですか。
　　…… （ a. はい、そうです　　b. はい、あなたのです ）。

第 4 課

文型

1. 今　4時5分です。
2. わたしは　毎朝　6時に　起きます。
3. わたしは　きのう　勉強しました。

例文

1. 今　何時ですか。
   ……2時10分です。

   ニューヨークは　今　何時ですか。
   ……午前　0時10分です。

2. 休みは　何曜日ですか。
   ……土曜日と　日曜日です。

3. アップル銀行は　何時から　何時までですか。
   ……9時から　3時までです。

4. 毎晩　何時に　寝ますか。
   ……11時に　寝ます。

5. 毎日　何時から　何時まで　勉強しますか。
   ……朝　9時から　午後　3時まで　勉強します。

6. 土曜日　働きますか。
   ……いいえ、働きません。

7. きのう　勉強しましたか。
   ……いいえ、勉強しませんでした。

そちらは　何時ですか

ミ ラ ー　：　すみません、「あすか」の　電話番号でん わ ばんごうは　何番なんばんですか。

佐藤さ とう　　：　「あすか」ですか。　5275の　2725です。

ミ ラ ー　：　どうも　ありがとう　ございます。

....

店みせの　人ひと：　はい、「あすか」です。

ミ ラ ー　：　すみません。　そちらは　何時なん じまでですか。

店みせの　人ひと：　10時じまでです。

ミ ラ ー　：　休やすみは　何曜日なんようびですか。

店みせの　人ひと：　日曜日にちようびです。

ミ ラ ー　：　そうですか。　どうも。

練習A

1. 今　| 4じ5ふん |　です。
　　| 9じはん |
　　| なんじ |　……か。

2. 休みは　| すいようび |　です。
　　| どようびと　にちようび |
　　| なんようび |　……か。

3. 昼休みは　| 12じ |　から　| 1じ |　までです。
　　| 12じはん |　　　| 1じ15ふん |
　　| なんじ |　　　| なんじ |　…………か。

4. わたしは　毎朝　| 6じ |　に　起きます。
　　　　　　| 7じはん |
　あなたは　……　| なんじ |　………………か。

5. わたしは　| 9じ |　から　| 5じ |　まで　働きます。
　　| げつようび |　　| きんようび |

6. わたしは　| まいにち |　勉強します。
　　| あした |
　　| きのう |　勉強しました。
　　| おととい |

7. | ね　ます |　　| ね　ません |　　| ね　ました |　　| ね　ませんでした |
　| やすみ　ます |　| やすみ　ません |　| やすみ　ました |　| やすみ　ませんでした |
　| はたらき　ます |　| はたらき　ません |　| はたらき　ました |　| はたらき　ませんでした |

練習B

1. 例： → 3時です。
   1) →　　　2) →　　　3) →　　　4) →

2. 例： 東京 → 東京は 今 何時ですか。……午後 6時です。
   1) ペキン →
   2) バンコク →
   3) ロンドン →
   4) ロサンゼルス →

3. 例： きょう → きょうは 何曜日ですか。……火曜日です。
   1) あした →　　2) 会議 →　　3) 試験 →　　4) 休み →

きょう

日曜日	月曜日	火曜日	水曜日	木曜日	金曜日	土曜日

4. 例： 銀行（9：00〜3：00） → 銀行は 何時から 何時までですか。
   ……9時から 3時までです。
   1) 郵便局（9：00〜5：00） → 2) デパート（10：00〜8：30） →
   3) 図書館（9：00〜6：30） → 4) 会社（9：15〜5：45） →

5. 例： 毎朝 → 毎朝 何時に 起きますか。……7時に 起きます。
   1) 毎晩 →　　2) あした →　　3) 今晩 →　　4) 日曜日 →

6. 例：毎晩・勉強します（7：30～9：30）
   → 毎晩 何時から 何時まで 勉強しますか。
   ……7時半から 9時半まで 勉強します。
   1）毎日・働きます（9：30～5：30）　→
   2）昼・休みます（12：00～1：00）　→
   3）土曜日・働きます（9：00～2：00）　→
   4）毎朝・勉強します（7：00～8：00）　→

7. 例：あした　→　あした　働きます。
   1）毎日　→　　　　　　　　2）きのうの　晩　→
   3）あさって　→　　　　　　4）おととい　→

8. 例1：きょう 勉強しますか。（はい）　→　はい、勉強します。
   例2：きのう 勉強しましたか。（いいえ）
   　　　→　いいえ、勉強しませんでした。
   1）あさって 働きますか。（いいえ）　→
   2）毎晩 勉強しますか。（はい）　→
   3）きのうの 晩 勉強しましたか。（はい）　→
   4）きのう 働きましたか。（いいえ）　→

9. 例1：毎朝・起きます（6：00）　→　毎朝 何時に 起きますか。
   　　　　　　　　　　　　　　　　　　……6時に 起きます。
   例2：きのう・働きます（9：00～5：00）
   　　　→　きのう 何時から 何時まで 働きましたか。
   　　　　　……9時から 5時まで 働きました。
   1）毎晩・寝ます（11：00）　→
   2）けさ・起きます（7：30）　→
   3）毎日・働きます（10：00～6：00）　→
   4）きのうの 晩・勉強します（7：00～8：30）　→

練習C

1. A： やまと美術館は 何時から 何時までですか。
   B： 10時から 4時までです。
   A： 休みは 何曜日ですか。
   B： 月曜日です。
   A： どうも。

2. A： 試験は 何時からですか。
   B： 10時からです。
   A： 何時に 終わりますか。
   B： 12時に 終わります。
   A： そうですか。 どうも。

3. A： きのう 12時まで 勉強しました。
   B： そうですか。 何時に 寝ましたか。
   A： 1時に 寝ました。
   B： 大変ですね。

4

CD13　1.　1) _____
　　　　　2) _____
　　　　　3) _____
　　　　　4) _____
　　　　　5) _____

CD14　2.　1) ①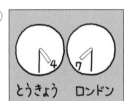　②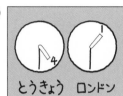　③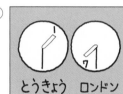

　　　　　2) ①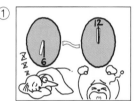　②　③

CD15　3.　1) (　　)　2) (　　)　3) (　　)

CD16　4.　例:（　6 : 30　　　　9 : 30　）
　　　　　1)（　8 : 30　　　　　　7 : 30　）
　　　　　2)（　午前　8 : 20　　　午後　8 : 20　）
　　　　　3)（　9 : 30 〜 6 : 30　　9 : 00 〜 6 : 00　）
　　　　　4)（　12 : 15 〜 1 : 15　　12 : 50 〜 1 : 50　）
　　　　　5)（　349-7895　　　　349-7865　）
　　　　　6)（　075-831-6697　　　075-138-6697　）
　　　　　7)（　3,850　　　　　3,650　）
　　　　　8)（　208,000　　　　128,000　）

5. 例：あの 人は （ だれ ）ですか。

　　　……ミラーさんです。

　　1） 今 （　　　　　）ですか。

　　　……5時です。

　　2） 佐藤さんの 電話番号は （　　　　　）ですか。

　　　……020の 3333の 4367です。

　　3） きょうは （　　　　　）ですか。

　　　……火曜日です。

　　4） テレーザちゃんは （　　　　　）ですか。

　　　……9歳です。

　　5） きのう （　　　　　）まで 働きましたか。

　　　……9時まで 働きました。

6. 例1： これは スイス （ の ） 時計です。

　　例2： 電話は どこ （ × ） ですか。

　　1） 毎朝 （　　　） 6時 （　　　） 起きます。

　　2） 美術館は 何時 （　　　） 何時 （　　　） ですか。

　　3） 今 何時 （　　　） ですか。

　　4） 木曜日 （　　　） 午後 病院は 休みです。

　　5） 大学は 何時 （　　　） 終わりますか。

　　6） 銀行の 休みは 土曜日 （　　　） 日曜日です。

7. 例： 毎日 9時から 5時まで （ ⟨働きます⟩、 働きました ）。

　　1） きのう 10時に （ 寝ます、寝ました ）。

　　2） 毎日 昼 12時から 1時まで （ 休みます、休みました ）。

　　3） おとといの 晩 9時から 11時まで （ 勉強します、

　　　勉強しました ）。

　　4） 毎朝 何時に （ 起きます、起きました ）か。

　　5） あさっては 日曜日です。 （ 働きません、働きませんでした ）。

8. 例： 今晩 勉強しますか。……はい、（ 勉強します ）。

　　1） おととい 休みましたか。……はい、（　　　　　　）。

　　2） 日曜日 働きますか。……いいえ、（　　　　　　）。

　　3） きのう 勉強しましたか。……いいえ、（　　　　　　）。

　　4） 大学は 3時に 終わりますか。……はい、（　　　　　　）。

第 5 課

文 型

1. わたしは 京都へ 行きます。
2. わたしは タクシーで うちへ 帰ります。
3. わたしは 家族と 日本へ 来ました。

例 文

1. あした どこへ 行きますか。
    ……奈良へ 行きます。

2. 日曜日 どこへ 行きましたか。
    ……どこ［へ］も 行きませんでした。

3. 何で 東京へ 行きますか。
    ……新幹線で 行きます。

4. だれと 東京へ 行きますか。
    ……山田さんと 行きます。

5. いつ 日本へ 来ましたか。
    ……3月25日に 来ました。

6. 誕生日は いつですか。
    ……6月13日です。

会話

CD17 会話

この 電車は 甲子園へ 行きますか

サントス ： すみません。 甲子園まで いくらですか。

女の 人 ： 350円です。

サントス ： 350円ですね。 ありがとう ございました。

女の 人 ： どう いたしまして。

....

サントス ： すみません。 甲子園は 何番線ですか。

駅員 ： 5番線です。

サントス ： どうも。

....

サントス ： あのう、この 電車は 甲子園へ 行きますか。

男の 人 ： いいえ。 次の 「普通」ですよ。

サントス ： そうですか。 どうも。

41

練習 A

1. わたしは　スーパー　　へ　行きます。
　　　　　　　かいしゃ
　　　　　　　とうきょう

　　あなたは　どこ　……………………か。

2. わたしは　バス　　　で　会社へ　行きます。
　　　　　　　ちかてつ
　　　　　　　じてんしゃ

　　あなたは　なん　……………………………か。

3. わたしは　ミラーさん　と　日本へ　来ました。
　　　　　　　ともだち
　　　　　　　かぞく

　　あなたは　だれ　……………………………か。

4. わたしは　7がつ15にちに　　国へ　帰ります。
　　　　　　　にちようび [に]
　　　　　　　らいしゅう

　　あなたは　いつ　………………………か。

練習B

1. 例： → スーパーへ 行きます。
   1) → 　　　2) → 　　　3) → 　　　4) →

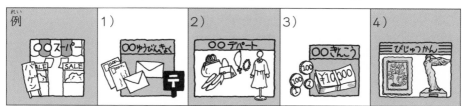

2. 例： けさ → けさ どこへ 行きましたか。
   　　　　　……スーパーへ 行きました。
   1) 先月 →　　　　　　　2) きのうの 午後 →
   3) 来週の 月曜日 →　　　4) 先週の 日曜日 →

3. 例： → 何で 京都へ 行きますか。
   　　　　　……電車で 行きます。
   1) → 　　　2) → 　　　3) → 　　　4) →

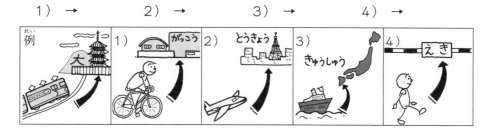

4. 例：京都（友達）→ だれと 京都へ 行きますか。
   　　　　　　　　　……友達と 行きます。
   1) 美術館（彼女）→
   2) 広島（会社の 人）→
   3) 北海道（家族）→
   4) フランス（一人で）→

5. 例1： 京都（3月3日） → いつ 京都へ 行きますか。
　　　　　　　　　　　　　　……3月3日に 行きます。

　　例2： 東京（来週） → いつ 東京へ 行きますか。
　　　　　　　　　　　　　　……来週 行きます。

　　1） さくら大学（9月 14 日） →
　　2） アメリカ（来年の 3月） →
　　3） 広島（来月） →
　　4） 病院（今週の 水曜日） →

6. 例： いつ 日本へ 来ましたか。
　　　　　　→ 去年の 9月に 来ました。
　　1） だれと 日本へ 来ましたか。 →
　　2） 先月 どこへ 行きましたか。 →
　　3） 何で 韓国へ 行きましたか。 →
　　4） いつ 国へ 帰りますか。 →

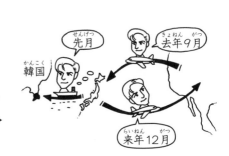

7. 例： 毎朝 何時に 会社へ 行きますか。 → 7時半に 行きます。
　　1） 毎朝 何で 会社へ 行きますか。 →
　　2） 毎晩 何時に うちへ 帰りますか。 →
　　3） おととい だれと 大阪城へ 行きましたか。 →
　　4） 土曜日 どこへ 行きますか。 →

　　　　　　　　　　　　↙ きょう

日曜日	月曜日	火曜日	水曜日	木曜日	金曜日	土曜日

8. 例： → ミラーさんの 誕生日は いつですか。
　　　　　　……10月6日です。

　　1） →　　　　2） →　　　　3） →　　　　4） →

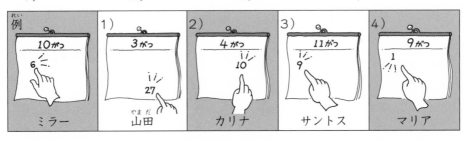

練習C

1. A： あしたは 日曜日ですね。
   B： あ、そうですね。
   A： わたしは 大阪城へ 行きます。
      タワポンさんは？
   B： どこも 行きません。 勉強します。

1)
2)

2. A： 先週 東京へ 行きました。
      これ、お土産です。 どうぞ。
   B： ありがとう ございます。
      一人で 行きましたか。
   A： いいえ、友達と 行きました。
   B： 何で 行きましたか。
   A： バスで 行きました。

1)
2)

3. A： お国は どちらですか。
   B： アメリカです。
   A： そうですか。 いつ 日本へ 来ましたか。
   B： 去年の 9月に 来ました。

1)
2)

5 🔊 CD18

1. 1) _____

　　2) _____

　　3) _____

　　4) _____

　　5) _____

🔊 CD19

2. 1)

　　2)
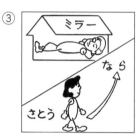

🔊 CD20

3. 1) (　　)　2) (　　)　3) (　　)

4. 例: これは （ だれ ） の　ノートですか。

　　……カリナさんの　ノートです。

　　1) （　　　　） 日本へ　来ましたか。

　　　　……8月17日に　来ました。

　　2) （　　　　）と　日本へ　来ましたか。

　　　　……家族と　来ました。

　　3) あした （　　　　）へ　行きますか。

　　　　……どこも　行きません。

　　4) すみません。　京都まで （　　　　）ですか。

　　　　……390円です。

　　5) （　　　　）で　京都へ　行きますか。

　　　　……電車で　行きます。

　　6) （　　　　）に　うちへ　帰りますか。

　　　　……7時に　帰ります。

7) 誕生日は （　　　　）（　　　　） ですか。
　　……9月1日です。

5. 例： これ （ は ） 本です。

1) わたしは　ミラーです。
　　ことし （　　） 4月 （　　） アメリカ （　　） 来ました。
2) 毎日　電車 （　　） 会社 （　　） 行きます。
3) きのう　9時半 （　　） うち （　　） 帰りました。
4) けさ　わたしは　松本さん （　　） ここ （　　） 来ました。
5) おととい　どこ （　　） 行きませんでした。

6. ——サントスさんの　手帳——

日曜日	月曜日	火曜日	水曜日	木曜日	金曜日	土曜日
にちようび	げつようび	かようび	すいようび	もくようび	きんようび	どようび

例： サントスさんは　おととい ＿＿＿新幹線で　東京へ　行きました＿＿＿。
1) サントスさんは　きのう ＿＿＿＿＿＿＿＿＿＿＿＿＿＿。
2) サントスさんは　きょう ＿＿＿＿＿＿＿＿＿＿＿＿＿＿。
3) サントスさんは　あしたの　午後 ＿＿＿＿＿＿＿＿＿。
4) サントスさんは　あさって ＿＿＿＿＿＿＿＿＿＿＿。
5) サントスさんは　日曜日 ＿＿＿＿＿＿＿＿＿＿＿。

文型

1. わたしは　本を　読みます。
2. わたしは　駅で　新聞を　買います。
3. いっしょに　神戸へ　行きませんか。
4. ちょっと　休みましょう。

例文

1. お酒を　飲みますか。
   ……いいえ、飲みません。

2. 毎朝　何を　食べますか。
   ……パンと　卵を　食べます。

3. けさ　何を　食べましたか。
   ……何も　食べませんでした。

4. 土曜日　何を　しましたか。
   ……日本語を　勉強しました。それから　友達と　映画を　見ました。

5. どこで　その　かばんを　買いましたか。
   ……メキシコで　買いました。

6. あした　テニスを　しませんか。
   ……ええ、いいですね。

7. あした　10時に　駅で　会いましょう。
   ……わかりました。

いっしょに 行きませんか

佐藤 ： ミラーさん。

ミラー： 何ですか。

佐藤 ： あした 友達と お花見を します。

ミラーさんも いっしょに 行きませんか。

ミラー： いいですね。 どこへ 行きますか。

佐藤 ： 大阪城 です。

ミラー： 何時に 行きますか。

佐藤 ： 10時に 大阪駅で 会いましょう。

ミラー： わかりました。

佐藤 ： じゃ、また あした。

練習A

6

1. わたしは　パン　　　　　を　食べます。
    　　　　　　くだもの
    　　　　　　にくと　やさい
    　　あなたは　なに　　　………………か。

2. わたしは　サッカーを　　し　ます。
    　　　　　　ビデオを　　　み
    　　　　　　こうべへ　　　いき
    　　あなたは　　　なにを　し　……か。

3. わたしは　デパート　で　紅茶を　買いました。
    　　　　　　あの　みせ
    　　　　　　とうきょう
    　　あなたは　どこ　　………………………………か。

4. いっしょに　京都へ　　いき　ませんか。
    　　　　　　お花見を　　し
    　　　　　　お茶を　　　のみ

5. あそこで　やすみ　ましょう。
    　　　　　食堂へ　　いき
    　　　　　3時に　　あい

練習B

1. 例： → ラジオを 聞きます。

 1) → 2) → 3) → 4) →

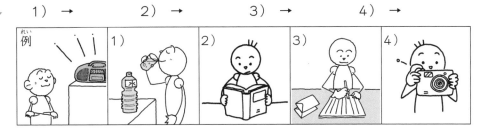

2. 例： たばこを 吸いますか。（いいえ） → いいえ、吸いません。

 1) お酒を 飲みますか。（いいえ） →

 2) あした 日本語を 勉強しますか。（はい） →

 3) けさ 新聞を 読みましたか。（はい） →

 4) きのうの 晩 テレビを 見ましたか。（いいえ） →

3. 例： 買います（かばん） → 何を 買いますか。

 ……かばんを 買います。

 1) 勉強します（日本語） →

 2) 飲みます（ジュース） →

 3) 食べました（魚） →

 4) 買いました（雑誌と CD） →

4. 例： あした → あした 何を しますか。

 ……サッカーを します。

 1) きょうの 午後 → 2) 今晩 →

 3) きのう → 4) おととい →

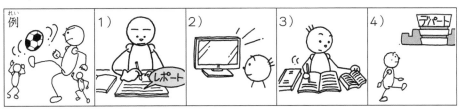

5. 例： 写真を 撮ります（庭） → どこで 写真を 撮りますか。

　　　　　　　　　　　　　　　　……庭で 撮ります。

　　1) ミラーさんに 会います（駅） →

　　2) 昼ごはんを 食べます（会社の 食堂） →

　　3) 牛乳を 買いました（スーパー） →

　　4) 日本語を 勉強しました（大学） →

6. 例： 今晩 → 今晩 何を しますか。

　　　　　　　　　　　　……うちで 宿題を します。それから CDを 聞きます。

　　1) あした →

　　2) 来週の 土曜日 →

　　3) きのうの 午後 →

　　4) 先週の 日曜日 →

7. 例： → いっしょに 京都へ 行きませんか。

　　　　　　　　　……ええ、行きましょう。

　　1) →　　　　2) →　　　　3) →　　　　4) →

練習C

1. A： 日曜日 何を しましたか。
   B： 本を 読みました。 それから
   ビデオを 見ました。
   田中さんは？
   A： わたしは 京都へ 行きました。
   B： 京都ですか。 いいですね。

2. A： いつも どこで パンを 買いますか。
   B： 「毎日屋」で 買います。
   時々 「フランス屋」へ 行きます。
   A： あ、わたしも 時々 「フランス屋」で
   買います。
   B： そうですか。

3. A： あした いっしょに
   テニスを しませんか。
   B： ええ、いいですね。
   A： じゃ、11時に 駅で 会いましょう。
   B： わかりました。

6
CD22 1. 1) _____
        2) _____
        3) _____
        4) _____
        5) _____

CD23 2. 1)（　　）2)（　　）3)（　　）4)（　　）5)（　　）

3.

例：電車（ で ）　　　　会社へ　行きます　　　　　　　　。
   1) 友達（　　　）_____。
   2) 12時（　　　）_____。
   3) デパート（　　　）_____。
   4) ロビー（　　　）_____。
   5) 8時（　　　）9時（　　　）_____。

4. 例：毎晩（ 何時に 、 いつ、 どこで ） 寝ますか。
      ……11時に　寝ます。
   1) 日曜日 （ どこで、 何を、 何で ） しますか。
      ……テニスを　します。
   2) （ どこへ、 どこで、 いつ ） その　カメラを　買いましたか。
      ……大阪デパートで　買いました。
   3) けさ （ 何を、 何で、 どこで ） 食べましたか。
      ……何も　食べませんでした。
   4) おととい （ どこで、 だれに、 何時に ） 会いましたか。
      ……グプタさんに　会いました。

5. 例： おととい 東京へ （ 行きました 、 行きます ）。

　1) きのうの 晩 手紙を （ 書きます、 書きました ）。

　2) 毎朝 新聞を （ 読みますか、 読みましたか ）。

　　……いいえ、読みません。

　3) いっしょに 美術館へ （ 行きませんでしたか、 行きませんか ）。

　　……ええ、（ 行きましょう、 行きません ）。

　4) あした 大阪城で 花見を （ しました、 します ）。

6.

――――――――――――――――― ミラーさんの 毎日 ―――

　　ミラーさんは 毎朝 7時に 起きます。 朝ごはんは いつも パンと
コーヒーです。 電車で 会社へ 行きます。 会社は 9時から
5時までです。 7時に うちへ 帰ります。 7時半に 晩ごはんを
食べます。 それから テレビを 見ます。 英語の 新聞を 読みます。
夜 12時に 寝ます。
　　土曜日と 日曜日 会社は 休みです。 土曜日の 朝 図書館へ
行きます。 午後 テニスを します。 日曜日 どこも 行きません。
休みます。

例1：（ ○ ）ミラーさんは 毎朝 コーヒーを 飲みます。

例2：（ × ）ミラーさんは 毎朝 7時半に 起きます。

　1) （　　）ミラーさんは 朝ごはんを 食べません。

　2) （　　）ミラーさんは 月曜日から 金曜日まで 働きます。

　3) （　　）ミラーさんは 毎朝 英語の 新聞を 読みます。

　4) （　　）ミラーさんは 土曜日 どこも 行きません。

第 7 課

文型

1. わたしは　パソコンで　映画を　見ます。
2. わたしは　木村さんに　花を　あげます。
3. わたしは　カリナさんに　チョコレートを　もらいました。
　　　　　　　　（から）
4. わたしは　もう　メールを　送りました。

例文

1. テレビで　日本語を　勉強しましたか。
　……いいえ、ラジオで　勉強しました。

2. 日本語で　レポートを　書きますか。
　……いいえ、英語で　書きます。

3. "Goodbye" は　日本語で　何ですか。
　……「さようなら」　です。

4. だれに　年賀状を　書きますか。
　……先生と　友達に　書きます。

5. それは　何ですか。
　……手帳です。　山田さんに　もらいました。

6. もう　新幹線の　切符を　買いましたか。
　……はい、もう　買いました。

7. もう　昼ごはんを　食べましたか。
　……いいえ、まだです。　これから　食べます。

🔊 CD24 会話

いらっしゃい

山田一郎	:	はい。
ジョゼ・サントス	:	サントスです。

....

山田一郎	:	いらっしゃい。　どうぞ　お上がり　ください。
ジョゼ・サントス	:	失礼します。

....

山田友子	:	コーヒーは　いかがですか。
マリア・サントス	:	ありがとう　ございます。

....

山田友子	:	どうぞ。
マリア・サントス	:	いただきます。
		この　スプーン、すてきですね。
山田友子	:	ええ。　会社の　人に　もらいました。
		メキシコの　お土産です。

練習A

1. わたしは　はし　　　　　　　　　で　ごはんを　食べます。
   スプーンと　フォーク
   ナイフと　フォーク

   あなたは　なん　　　　　　　……………………………か。

2. わたしは　にほんご　　で　レポートを　書きます。
   えいご
   ちゅうごくご

3. 「ありがとう」は　えいご　　　　で　"Thank you"　です。
   スペインご　　　　　　"Gracias"
   ちゅうごくご　　　　　"谢谢"
   タイご　　　　　　　なん　　　……か。

4. わたしは　さとうさん　に　チョコレートを　あげます。
   ともだち
   かれ

   あなたは　だれ　　　　………………………………か。

5. わたしは　ワットさん　　に　本を　もらいました。
   せんせい
   かいしゃの　ひと

   あなたは　だれ　　　　……………………………か。

6. もう　荷物を　　　おくり　ましたか。
   大阪城へ　　いき
   プレゼントを　かい

   ……はい、もう　おくり　ました。
   　　　　　　いき
   　　　　　　かい

   ……いいえ、まだです。

練習B

1. 例： ごはんを　食べます　→　はしで　ごはんを　食べます。
   1）　手紙を　書きます　→
   2）　紙を　切ります　→
   3）　ごはんを　食べます　→
   4）　写真を　撮ります　→

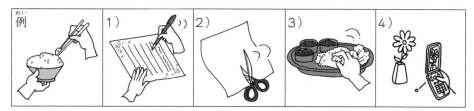

2. 例：　→　これは　日本語で　何ですか。
      ……「パソコン」です。
      1）　→　　　　2）　→　　　　3）　→　　　　4）　→

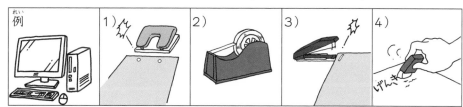

3. 例：　あげます　→　テレーザちゃんに　ノートを　あげます。
   1）　貸します　→　　　　　　2）　教えます　→
   3）　書きます　→　　　　　　4）　かけます　→

テレーザちゃん　　イーさん　　太郎ちゃん　　母　　シュミットさん

4.　例：もらいます　→　父に　シャツを　もらいました。

　　　1）借ります　→　　　　　　2）習います　→

　　　3）もらいます　→　　　　　4）もらいます　→

5.　例：習います　→　だれに　英語を　習いましたか。

　　　　　　　　　　……ワットさんに　習いました。

　　　1）書きます　→　　　　　　2）かけます　→

　　　3）もらいます　→　　　　　4）借ります　→

6.　例：お母さんの　誕生日に　何を　あげましたか。（花）

　　　　　→　花を　あげました。

　　　1）去年の　クリスマスに　何を　もらいましたか。（ネクタイと　本）　→

　　　2）どこで　日本語を　習いましたか。（アメリカの　大学）　→

　　　3）いつ　先生に　レポートを　送りますか。（あした）　→

　　　4）だれに　この　CDを　借りましたか。（友達）　→

7.　例1：切符を　買います（はい）　→　もう　切符を　買いましたか。

　　　　　　　　　　　　　　　　　　　　……はい、もう　買いました。

　　　例2：レポートを　送ります（いいえ）

　　　　　　→　もう　レポートを　送りましたか。

　　　　　　……いいえ、まだです。

　　　1）宿題を　します（いいえ）　→

　　　2）京都へ　行きます（はい）　→

　　　3）ミラーさんは　帰ります（いいえ）　→

　　　4）テレーザちゃんは　寝ます（はい）　→

練習C

1. A： これは　日本語で　何ですか。
   B： 「はさみ」です。
   A： 「は・さ・み」ですか。
   B： はい、そうです。

7

2. A： その　時計、すてきですね。
   B： ありがとう　ございます。
   　　 誕生日に　父に　もらいました。
   A： いいですね。

61

3. A： もう　あの　映画を　見ましたか。
   B： いいえ、まだです。
   A： じゃ、いっしょに　見ませんか。
   B： ええ、いいですね。

7

CD25　1.　1) _____
　　　　　 2) _____
　　　　　 3) _____
　　　　　 4) _____
　　　　　 5) _____

CD26　2.　1)　①　②　③

　　　　 2)　①　②　③

CD27　3.　1) (　　) 2) (　　) 3) (　　)

4.

れい　　ともだち　に　　　　　　　　　　ほん　か
例：　友達に _____ 本を 貸します_____。
　　　がくせい
1)　学生に _____。
　　　せんせい
2)　先生に _____。
　　　かぞく
3)　家族に _____。
　　　ちち
4)　父に _____。
　　　かのじょ
5)　彼女に _____。

5. 例：もう 昼ごはんを 食べましたか。

　　　……いいえ、__まだです__。

　　　　これから __食べます__。 いっしょに __食べませんか__。

　1）もう 大阪城へ 行きましたか。

　　　……いいえ、_____。

　　　日曜日 ミラーさんと _____。 いっしょに _____。

　2）もう クリスマスカードを 書きましたか。

　　　……はい、_____。

　3）もう 荷物を 送りましたか。

　　　……いいえ、_____。

　　　きょうの 午後 _____。

　4）テレーザちゃんは もう 寝ましたか。

　　　……はい、_____。

6. 例：これは イタリア（ の ）靴です。

　1）わたしは はし（　　）ごはんを 食べます。

　2）メール（　　）レポートを 送りました。

　3）「さようなら」は 英語（　　）何ですか。

　4）わたしは きのう 彼女（　　）手紙（　　）書きました。

　5）わたしは 友達（　　）お土産（　　）もらいました。

63

7.

─ 土曜日と 日曜日 ─

　　けさ 図書館へ 行きました。図書館で 太郎ちゃんに 会いました。
太郎ちゃんと いっしょに ビデオを 見ました。 わたしは
旅行の 本を 借りました。
　　あしたは 日曜日です。 朝 旅行の 本を 読みます。
午後 デパートへ 行きます。 花を 買います。 母の
誕生日の プレゼントです。

　1）（　　）きょうは 土曜日です。
　2）（　　）ミラーさんは けさ 太郎ちゃんと 図書館へ 行きました。
　3）（　　）ミラーさんは 図書館で 旅行の 本を 読みました。
　4）（　　）ミラーさんは お母さんに 花を あげます。

復習 B

1. 例： わたし（ は ）ジョゼ・サントスです。

   1） わたしは ブラジル（　　　）来ました。
   ブラジルエアー（　　　）社員です。

   2） きのう 友達（　　　）お酒（　　　）飲みました。
   12時（　　　）寝ました。

   3） けさ 何（　　　）食べませんでした。
   電車（　　　）会社（　　　）行きました。

   4） 会社の 昼休みは 12時（　　　）1時（　　　）です。
   食堂（　　　）肉（　　　）野菜（　　　）食べました。

   5） 午後 メール（　　　）レポートを 送りました。
   松本さん（　　　）電話（　　　）かけました。

   6） 夜 学校（　　　）日本人の 先生（　　　）日本語（　　　）
   習いました。"Boa noite"は 日本語（　　　）「こんばんは」です。

2. 例： 今晩 [何時]に 帰りますか。……7時に 帰ります。

   1） いっしょに 晩ごはんを 食べませんか。
   ……ええ。[　　　　　]へ 行きますか。
   「あすか」へ 行きましょう。……いいですね。

   2） 「あすか」の 電話番号は [　　　　　]ですか。……5275の 2725です。
   休みは [　　　　　]ですか。…… 日曜日です。
   [　　　　　]から [　　　　　]までですか。
   ……昼 11時から 夜 10時までです。

   3） イーさん、誕生日は [　　　][　　　]ですか。……2月11日です。
   ことしの 誕生日に プレゼントを もらいましたか。……ええ。
   [　　　　　]に もらいましたか。…… 彼に もらいました。
   [　　　　　]を もらいましたか。…… 花を もらいました。

   4） カリナさん、[　　　　　]日本へ 来ましたか。……去年 来ました。
   「ありがとう」は インドネシア語で [　　　　　]ですか。
   …… "Terima kasih" です。

   5） イーさん、日曜日 [　　　　　]を しますか。……映画を 見ます。
   [　　　　　]で 見ますか。……神戸で 見ます。
   [　　　　　]と 神戸へ 行きますか。……友達と 行きます。
   [　　　　　]で 行きますか。……地下鉄で 行きます。

   6） 今 [　　　　　]ですか。……8時50分です。

3. 例1： ミラーさんは ＿＿朝 6時に＿＿ 起きます。
　　例2： 会社は ＿＿9時から 5時までです。

　　1） ミラーさんは ＿＿＿＿＿＿＿＿＿＿＿＿＿＿＿＿＿＿＿＿＿＿＿＿＿＿。
　　2） 昼休みは ＿＿＿＿＿＿＿＿＿＿＿＿＿＿＿＿＿＿＿＿＿＿＿＿＿＿＿＿。
　　3） 会社は 5時に ＿＿＿＿＿＿＿＿＿＿＿＿＿＿＿＿＿＿＿＿＿＿＿＿＿。
　　4） ミラーさんは ＿＿＿＿＿＿＿＿＿＿＿＿＿＿＿＿＿＿＿＿＿＿＿＿＿＿。
　　5） ミラーさんは ＿＿＿＿＿＿＿＿＿＿＿＿＿＿＿＿＿＿＿＿＿＿＿＿＿＿。

例1　　　　　　　　　　　　例2
6時 7時　　9時　　12時 1時　　　　5時 6時　　8時　　10時 11時
1)　　　　　　　2)　　　　　　3) 4)　　　　　5)

4. 例： ミラーさんは アメリカ人＿です＿ か。……はい、アメリカ人＿です＿。
　　1） 毎日 新聞を 読み＿＿＿＿＿か。……いいえ、読み＿＿＿＿。
　　2） あした 病院へ 行き＿＿＿＿か。……いいえ、行き＿＿＿＿。
　　3） きのう テレビを 見＿＿＿＿か。……はい、見＿＿＿＿。
　　4） おととい どこへ 行き＿＿＿＿か。……どこも 行き＿＿＿＿。
　　5） もう 昼ごはんを 食べ＿＿＿＿か。……いいえ、まだ＿＿＿＿。
　　6） 今晩 いっしょに ビールを 飲み＿＿＿＿か。

　　　……ええ、いいですね。
　　　じゃ、6時に 駅で 会い＿＿＿＿。……わかりました。

5. 例： この 傘は タワポンさんの ですか。
　　　……いいえ、（ⓐ. 違います　b. タワポンじゃ ありません ）。

　　1） タワポンさん、この CDは あなたの ですか。
　　　……いいえ、友達に （ a. 貸しました　b. 借りました ）。

　　2） タワポンさん、その ネクタイ、すてきですね。
　　　……これですか。 誕生日に 彼女に

　　　　（ a. あげました　b. もらいました ）。

　　3） タワポンさんは 学生ですね。
　　　……時々 先生ですよ。 鈴木さんに タイ語を

　　　　（ a. 教えます　b. 習います ）。

　　4） もう 宿題を （ a. しましたか　b. 書きましたか ）。

　　　……いいえ、まだです。

65

文型

1. 桜は きれいです。
2. 富士山は 高いです。
3. 桜は きれいな 花です。
4. 富士山は 高い 山です。

例文

1. 大阪は にぎやかですか。
   ……はい、にぎやかです。

2. さくら大学は 有名ですか。
   ……いいえ、有名じゃ ありません。

3. ペキンは 今 寒いですか。
   ……はい、とても 寒いです。
   シャンハイも 寒いですか。
   ……いいえ、あまり 寒くないです。

4. 大学の 寮は どうですか。
   ……古いですが、便利です。

5. きのう 松本さんの うちへ 行きました。
   ……どんな うちですか。
   きれいな うちです。 そして、大きい うちです。

6. きのう おもしろい 映画を 見ました。
   ……何を 見ましたか。
   「七人の 侍」です。

8

そろそろ 失礼しれいします

山田一郎やまだいちろう	：	マリアさん、日本にほんの 生活せいかつは どうですか。
マリア・サントス：		毎日まいにち とても 楽たのしいです。
山田一郎やまだいちろう	：	そうですか。 サントスさん、お仕事しごとは どうですか。
ジョゼ・サントス：		そうですね。 忙いそがしいですが、おもしろいです。

....

山田友子やまだともこ	：	コーヒー、もう 一杯いっぱい いかがですか。
マリア・サントス：		いいえ、けっこうです。

....

ジョゼ・サントス：		あ、もう 6時じですね。 そろそろ 失礼しれいします。
山田一郎やまだいちろう	：	そうですか。
マリア・サントス：		きょうは どうも ありがとう ございました。
山田友子やまだともこ	：	いいえ。 また いらっしゃって ください。

1.　この　町は　　きれい　です。

　　　　　　　　　にぎやか

　　　　　　　　　おもしろい

　　　　　　　　　　　　　いい

　　　　　　　　　どう　……か。

2.　きれい　です　　　きれい　じゃ　ありません
　　　　　　　　　　　　　　　（では）
　　げんき　です　　　げんき　じゃ　ありません
　　　　　　　　　　　　　　　（では）
　　にぎやか　です　　にぎやか　じゃ　ありません
　　　　　　　　　　　　　　　（では）

　　たか　い　です　　　たか　くない　です
　　おいし　い　です　　おいし　くない　です
　　　　い　い　です　　　よ　くない　です

3.　奈良は　ゆうめい　な　町です。

　　　　　　しずか　な

　　　　　　ふる　い

　　　　　　　　い　い

　　　　　　どんな　………か。

練習B

1. 例： → ミラーさんは　親切です。

　　1) →　　　　　2) →　　　　　3) →　　　　　4) →

2. 例： 山田さん・元気 → 山田さんは　元気じゃ　ありません。

　　1) イーさん・暇　→

　　2) ワンさんの　部屋・きれい　→

　　3) 大学の　寮・便利　→

　　4) IMC・有名　→

3. 例： この　自転車・新しい → この　自転車は　新しくないです。

　　1) ミラーさん・忙しい　→

　　2) 日本語・易しい　→

　　3) この　お茶・熱い　→

　　4) この　辞書・いい　→

4. 例1： ミラーさん・ハンサム（はい）　→　ミラーさんは　ハンサムですか。

　　　　　　　　　　　　　　　　　……はい、ハンサムです。

　　例2： 日本の　カメラ・高い（いいえ）→　日本の　カメラは　高いですか。

　　　　　　　　　　　　　　　　　……いいえ、高くないです。

　　1) あの　レストラン・静か（いいえ）→

　　2) 会社の　食堂・安い（はい）→

　　3) その　パソコン・いい（いいえ、あまり）→

　　4) その　手帳・便利（はい、とても）→

5.　例1：　日本の　地下鉄（便利、きれい）
　　　　　→　日本の　地下鉄は　どうですか。
　　　　　　　……便利です。　そして、きれいです。
　　例2：　日本の　車（高い、いい）
　　　　　→　日本の　車は　どうですか。
　　　　　　　……高いですが、いいです。
　　1)　会社の　寮（新しい、きれい）　→
　　2)　先生（親切、おもしろい）　→
　　3)　日本の　食べ物（おいしい、高い）　→
　　4)　日本の　生活（忙しい、おもしろい）　→

6.　例1：　大阪・〈にぎやか〉町　→　大阪は　にぎやかな　町です。
　　例2：　東京駅・〈大きい〉駅　→　東京駅は　大きい　駅です。
　　1)　IMC・〈新しい〉会社　→
　　2)　神戸病院・〈有名〉病院　→
　　3)　ワットさん・〈いい〉先生　→
　　4)　富士山・〈きれい〉山　→

7.　例：　奈良・町（静か）　→　奈良は　どんな　町ですか。
　　　　　　　　　　　　　　　　　……静かな　町です。
　　1)　「七人の　侍」・映画（おもしろい）　→
　　2)　サントスさん・人（親切）　→
　　3)　さくら大学・大学（新しい）　→
　　4)　スイス・国（きれい）　→

8.　例1：　〈きれい〉花を　買いました　→　きれいな　花を　買いました。
　　例2：　〈青い〉傘を　買いました　→　青い　傘を　買いました。
　　1)　〈冷たい〉牛乳を　飲みました　→
　　2)　きのうの　晩　〈有名〉レストランで　食べました　→
　　3)　誕生日に　〈すてき〉プレゼントを　もらいました　→
　　4)　友達に　〈新しい〉CDを　借りました　→

練習C

1. A: お元気ですか。
   B: はい、元気です。
   A: お仕事は どうですか。
   B: そうですね。忙しいですが、おもしろいです。

1)

2)

2. A: すみません。その かばんを
      見せて ください。
   B: これですか。
   A: いいえ、その 赤い かばんです。
   B: はい、どうぞ。

1)

2)

3. A: 先週 金閣寺へ 行きました。
   B: そうですか。どんな 所ですか。
   A: きれいな 所ですよ。写真を 見ますか。
   B: ええ。見せて ください。

1)

2)

CD29 1. 1) _____
       2) _____
       3) _____
       4) _____
       5) _____

CD30 2. 1) ①  ②  ③

3,500えん   1,500えん   3,500えん

     2) ① 　② 　③

CD31 3. 1)(　　)　2)(　　)　3)(　　)

4. 例：タイは　寒いですか。……いいえ、（暑い）です。

ちい 小さい	ふる 古い	やさ 易しい	いそが 忙しい	あつ 暑い

1) あした　暇ですか。……いいえ、（　　　　）です。

2) あなたの　会社は　新しいですか。……いいえ、（　　　　）です。

3) 日本語は　難しいですか。……いいえ、（　　　　）です。

4) あなたの　うちは　大きいですか。……いいえ、（　　　　）です。

5. 例: 日本の 食べ物は 安いですか。
　　　　……いいえ、（ 安くないです ）。 とても 高いです。
　1) あなたの パソコンは 新しいですか。
　　　　……いいえ、（　　　　　　　　　　　　）。 古いです。
　2) イギリスは 今 暑いですか。
　　　　……いいえ、あまり （　　　　　　　　　　　）。
　3) 大阪は 静かですか。
　　　　……いいえ、（　　　　　　　　　　　　）。 とても にぎやかです。
　4) この 手帳は 便利ですか。
　　　　……いいえ、あまり （　　　　　　　　　　　）。

6. 例: ワンさんは （ 元気です → 元気な ） 人です。
　1) インドネシアは （ 暑いです→　　　　　　） 国です。
　2) 富士山は （ 有名です →　　　　　） 山です。
　3) 東京 は （ おもしろいです →　　　　　） 町です。
　4) 山で （ きれいです →　　　　　） 花を 見ました。
　5) （ 新しいです →　　　　　） 車を 買いました。

7.　　　　　　　　　　　　　　　　　　　　　　　　ワット先生　　　　　　　　　　73

　　　ワットさんは さくら大学の 英語の 先生です。毎日 赤い 車で
大学へ 行きます。 さくら大学は 大きい 大学では
ありませんが、いい 大学です。 ワットさんは いつも
食堂で 昼ごはんを 食べます。 食堂は 12時から
1時まで とても にぎやかです。 食堂の 食べ物は
おいしいです。 そして、安いです。 大学の 仕事は
忙しいですが、楽しいです。

例（○）　　1)（　）　　2)（　）　　3)（　）
（×）　　（　）　　（　）　　（　）

文型

1. わたしは イタリア料理が 好きです。
2. わたしは 日本語が 少し わかります。
3. きょうは 子どもの 誕生日ですから、早く 帰ります。

例文

1. お酒が 好きですか。
   ……いいえ、好きじゃ ありません。

2. どんな スポーツが 好きですか。
   ……サッカーが 好きです。

3. カリナさんは 絵が 上手ですか。
   ……はい、[カリナさんは] とても 上手です。

4. 田中さんは インドネシア語が わかりますか。
   ……いいえ、全然 わかりません。

5. 細かい お金が ありますか。
   ……いいえ、ありません。

6. 毎朝 新聞を 読みますか。
   ……いいえ、時間が ありませんから、読みません。

7. どうして きのう 早く 帰りましたか。
   ……用事が ありましたから。

残念（ざんねん）ですが

木村（きむら）　：　はい。

ミラー：　木村（きむら）さんですか。　ミラーです。

木村（きむら）　：　ああ、ミラーさん、こんばんは。　お元気（げんき）ですか。

ミラー：　ええ、元気（げんき）です。

　　　　　あのう、木村（きむら）さん、クラシックの　コンサート、いっしょに

　　　　　いかがですか。

木村（きむら）　：　いいですね。　いつですか。

ミラー：　来週（らいしゅう）の　金曜日（きんようび）の　晩（ばん）です。

木村（きむら）　：　金曜日（きんようび）ですか。

　　　　　金曜日（きんようび）の　晩（ばん）は　ちょっと……。

ミラー：　だめですか。

木村（きむら）　：　ええ、残念（ざんねん）ですが、友達（ともだち）と　約束（やくそく）が　ありますから、……。

ミラー：　そうですか。

木村（きむら）　：　ええ。　また　今度（こんど）　お願（ねが）いします。

練習A

1.　わたしは　えいが　　　　　が　好きです。
　　　　　　　スポーツ
　　　　　　　かんこくりょうり

2.　サントスさんは　サッカー　が　上手です。
　　　　　　　　　　りょうり
　　　　　　　　　　にほんご

3.　わたしは　ひらがな　が　わかります。
　　　　　　　かんじ
　　　　　　　にほんご

4.　わたしは　おかね　　が　あります。
　　　　　　　くるま
　　　　　　　やくそく
　　　　　　　ようじ

5.　いそがしいです　　　　　　から、テレビを　見ません。
　　にほんごが　わかりません　から、
　　じかんが　ありません　　　から、
　　どうして　　　　　　　　　　……………………か。

練習 B

1. 例： ダンス（いいえ） → ダンスが 好きですか。
　　　　　　　　　　……いいえ、好きじゃ ありません。

　　1）日本料理（はい） →　　　2）カラオケ（いいえ、あまり） →
　　3）旅行（はい、とても） →　　4）魚（いいえ、あまり） →

2. 例： → どんな スポーツが 好きですか。……野球が 好きです。
　　1） →　　　2） →　　　3） →　　　4） →

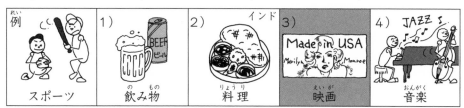

| 例 スポーツ | 1）飲み物 | 2）料理 | 3）映画 | 4）音楽 |

3. 例1： → 佐藤さんは 歌が 上手です。
　 例2： → ミラーさんは 歌が 上手じゃ ありません。

　　1） →　　　2） →　　　3） →　　　4） →

例1 佐藤　　例2 ミラー　　1）マリア
2）松本　　3）山田　あまり　　4）カリナ　とても

4. 例： マリアさん・かたかな（はい、少し）
　　　　→ マリアさんは かたかなが わかりますか。
　　　　　　……はい、少し わかります。

　　1）シュミットさん・英語（はい、よく） →
　　2）テレーザちゃん・漢字（いいえ、あまり） →
　　3）サントスさん・日本語（はい、だいたい） →
　　4）山田さんの 奥さん・フランス語（いいえ、全然） →

5. 例: 消しゴム（はい） → 消しゴムが ありますか。
　　　　　　　　　　　……はい、あります。

　　1）辞書（はい） →
　　2）名刺（いいえ） →
　　3）傘（いいえ） →
　　4）細かい お金（はい） →

6. 例: 月曜日・約束
　　　　　→ わたしは 月曜日 約束が あります。
　　1）日曜日・試験 →
　　2）火曜日・用事 →
　　3）水曜日・アルバイト →
　　4）金曜日・時間 →

わたしの 手帳

4（日） 9：00	7（水） 19：00
試験	アルバイト
5（月） 12：00	8（木） 9：00
佐藤さん 駅	アルバイト
6（火） 19：00	9（金） 休み
病院	10（土） サッカー

7. 例: → 時間が ありませんから、タクシーで 行きます。
　　1）→　　　　2）→　　　　3）→　　　　4）→

例
1) えいが　まいばん
2) にほんご？
3) つまのたんじょうび　はなや
4)

8. 例: 京都へ 行きません（約束が あります）
　　　　→ どうして 京都へ 行きませんか。……約束が ありますから。
　　1）料理を 習います（料理が 下手です） →
　　2）ご主人は テニスを しません（夫は スポーツが 嫌いです） →
　　3）タイ語の 本を 買いました（来月 タイへ 行きます） →
　　4）きのう 神戸へ 行きませんでした（仕事が たくさん ありました）
　　　　→

9

78

練習C

1. A: <u>イタリア料理</u>が 好きですか。
   B: ええ、好きです。
   A: じゃ、日曜日 いっしょに <u>食べ</u>ませんか。
   B: いいですね。

2. A: すみません。 <u>消しゴム</u>、ありますか。
   B: ええ、ありますよ。
   A: <u>ちょっと</u> 貸して ください。
   B: いいですよ。 どうぞ。

79

3. A: <u>コンサートの チケット</u>を もらいました。
      いっしょに 行きませんか。
   B: いつですか。
   A: <u>来週の 土曜日</u>です。
   B: 土曜日ですか。
      残念ですが、<u>仕事</u>が ありますから。
   A: そうですか。

9

◀)) 1. 1) _____
CD33
2) _____
3) _____

9

4) _____
5) _____

◀)) 2. 1) （　　） 2) （　　） 3) （　　） 4) （　　） 5) （　　）
CD34

3. 例： 日曜日 （ いつも ） テニスを します。

ぜんぜん全然	とても	たくさん	よく	いつも

1) マリアさんは 漢字が （　　　　　） わかりません。
2) あの 人は お金が （　　　　　） あります。
3) この パンは （　　　　　） おいしいです。
4) ワンさんは 英語が （　　　　　） わかります。

4. 例： あの 方は （ どなた ） ですか。
……松本さんの 奥さんです。
1) 松本さんの 奥さんは （　　　　　） 人ですか。
……親切な 人です。
2) （　　　　　） あの 店で ワインを 買いますか。
……安いですから。
3) カリナさんは （　　　　　） 料理が 好きですか。
……韓国料理が 好きです。
4) 勉強は （　　　　　） ですか。
……おもしろいです。
5) 国で （　　　　　）に 日本語を 習いましたか。
……日本人の 先生に 習いました。

5. 例：時間が ありませんから、本を 読みません。

> 本を 読みません 　銀行は 休みです 　毎週 します
>
> 何も 買いません 　熱い コーヒーを 飲みます

1) テニスが 好きですから、＿＿＿＿＿＿＿＿＿＿＿＿＿＿＿＿。
2) 寒いですから、＿＿＿＿＿＿＿＿＿＿＿＿＿＿＿＿＿＿＿＿。
3) お金が ありませんから、＿＿＿＿＿＿＿＿＿＿＿＿＿＿＿＿。
4) 日曜日ですから、＿＿＿＿＿＿＿＿＿＿＿＿＿＿＿＿＿＿＿。

6. 例：ビール（ を ） 飲みます。

1) マリアさんは ダンス（ 　 ） 上手です。
2) わたしは タイ語（ 　 ） わかりません。
3) 日曜日 友達と 約束（ 　 ） あります。
4) あした 忙しいです（ 　 ）、どこも 行きません。
5) どんな 映画（ 　 ） 好きですか。
6) 歌（ 　 ） 下手です（ 　 ）、カラオケが 嫌いです。

7.
──── 山田さんと ダンス ────

　山田さんは ダンスが 好きです。毎晩 ダンスの 学校へ 行きます。
ダンスの 先生は きれいな 人です。山田さんは 上手では
ありませんが、きれいな 先生に 習いますから、毎日 楽しいです。
先生の 誕生日に コンサートの チケットを あげました。先生は
友達と 行きました。山田さんは とても 残念です。

1) （ 　 ）山田さんは 毎日 ダンスの 学校へ 行きますから、
　　　　　ダンスが 上手です。
2) （ 　 ）山田さんは きれいな 先生に ダンスを 習います。
3) （ 　 ）先生は 山田さんに コンサートの チケットを もらいました。
4) （ 　 ）山田さんは 先生と いっしょに 音楽を 聞きました。

第10課

文型

1. あそこに コンビニが あります。
2. ロビーに 佐藤さんが います。
3. 東京ディズニーランドは 千葉県に あります。
4. 家族は ニューヨークに います。

例文

1. この ビルに ATMが ありますか。
   ……はい、2階に あります。

2. あそこに 男の 人が いますね。 あの 人は だれですか。
   ……IMCの 松本さんです。

3. 庭に だれが いますか。
   ……だれも いません。 猫が います。

4. 箱の 中に 何が ありますか。
   ……古い 手紙や 写真[など]が あります。

5. 郵便局は どこに ありますか。
   ……駅の 近くです。 銀行の 前に あります。

6. ミラーさんは どこに いますか。
   ……会議室に います。

ナンプラー、ありますか

ミラー　　　：　すみません。　アジアストアは　どこですか。

女の人：　アジアストアですか。

　　　　　　　あそこに　白い　ビルが　ありますね。

　　　　　　　あの　ビルの　中です。

ミラー　　　：　そうですか。　どうも　すみません。

女の人：　いいえ。

ミラー　　　：　あのう、ナンプラー、ありますか。

店員　　　　：　はい。

　　　　　　　あちらに　タイ料理の　コーナーが　あります。

　　　　　　　ナンプラーは　いちばん　下です。

ミラー　　　：　わかりました。　どうも。

83

練習A

1. あそこに　でんわ　が　あります。
   ビル
   こうえん
   なに　………………か。

2. あそこに　やまださん　が　います。
   おんなの　ひと
   こども
   だれ　……………か。

3. スーパーの　となり　に　喫茶店が　あります。
   なか
   佐藤さんの　まえ　に　カリナさんが　います。
   みぎ

4. ミラーさんの　うちは　おおさか　に　あります。
   こうえんの　まえ
   がっこうの　ちかく
   どこ　………………か。

5. ミラーさんは　あそこ　に　います。
   かいぎしつ
   エレベーター　まえ
   どこ　……………か。

練習B

1. 例1： → あそこに ポストが あります。
   例2： → 教室に 学生が います。

   1) →　　　　2) →　　　　3) →　　　　4) →

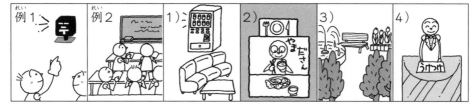

2. 例： ドア・スイッチ → ドアの 右に スイッチが あります。

   1) いす・猫 →　　　　　　　2) 店・車 →

   3) 木・男の子 →　　　　　　4) 冷蔵庫・いろいろな 物 →

3. 例： テーブルの 上・何 → テーブルの 上に 何が ありますか。
   ……かばんが あります。

   1) ベッドの 下・何 →　　　　2) 部屋・だれ →
   3) 窓の 右・何 →　　　　　　4) 庭・だれ →

4.　例1： はさみ　→　はさみは　どこに　ありますか。
　　　　　　　　　　　　　……箱の　中に　あります。
　　例2： ミラーさん　→　ミラーさんは　どこに　いますか。
　　　　　　　　　　　　　……事務所に　います。

　　1）　自転車　→　　　　　　　2）　男の　子　→
　　3）　写真　→　　　　　　　　4）　犬　→

5.　例1： バス乗り場　→　バス乗り場は　どこに　ありますか。
　　　　　　　　　　　　　……トイレの　前に　あります。
　　例2： パンダ　→　パンダは　どこに　いますか。
　　　　　　　　　　　　　……大きい　木の　下に　います。

　　1）　レストラン　→　　　　　2）　象　→
　　3）　自動販売機　→　　　　　4）　お土産屋　→

練習C

1. A: あのう、近くに 銀行が ありますか。
   B: ええ。 あそこに 高い ビルが ありますね。
      あの ビルの 中です。
   A: わかりました。 ありがとう ございました。

2. A: すみません。
      電池は どこですか。
   B: 電池ですか。
      雑誌の 前に あります。
   A: どうも。

3. A: すみません。 ミラーさんは いますか。
   B: ええ、あそこに いますよ。
      ドアの 近くです。
   A: どうも。

10

CD36 1. 1) _____
     2) _____
     3) _____
     4) _____
     5) _____

CD37 2. 1)

     2)

     3)

CD38 3. 1)（　　） 2)（　　）

   4. れい
      例：受付に ミラーさんが （ います ）。
      1) ワイン売り場は 地下に （　　　　　）。
      2) 犬は どこに （　　　　　）か。
      3) あそこに 小さい 男の 子が （　　　　　）。
      4) 冷蔵庫の 中に 何も （　　　　　）。
      5) 事務所に だれも （　　　　　）。

5. 例： 駅の （ 近く ） に タクシー乗り場が あります。
   1） スーパーの （　　　　） に 本屋が あります。
   2） デパートと 郵便局の （　　　　） に 銀行が あります。
   3） 郵便局の （　　　　） に ポストが あります。

6. 例： いす（ の ）下（ に ）猫（ が ）います。
   1） 消しゴムは 机（　　）上（　　）あります。
   2） 花屋（　　）スーパー（　　）銀行（　　）間に あります。
   3） 公園（　　）だれ（　　）いません。
   4） 箱（　　）中（　　）何（　　）ありません。
   5） 駅（　　）近く（　　）コンビニ（　　）スーパーなど（　　）
   あります。

7.

―――――――――――――――― わたしの うち ―――

　　わたしの 新しい うちは 静かな 所に あります。うちの 隣に
きれいな 公園が あります。　公園の 前に 図書館と 喫茶店が
あります。　わたしは 図書館で 本を 借ります。　そして、公園で
読みます。　時々 喫茶店で 読みます。　喫茶店の コーヒーは
おいしいです。　うちの 近くに 郵便局と 銀行が あります。
郵便局と 銀行の 間に スーパーが あります。スーパーの 中に
花屋や おいしい パン屋が あります。　とても 便利です。

わたしの うちは ①ですか、②ですか、③ですか。　　（　　）

① 　② 　③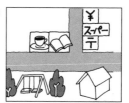

文型

1. 会議室に テーブルが 7つ あります。
2. わたしは 日本に 1年 います。

例文

1. りんごを いくつ 買いましたか。
   ……4つ 買いました。

2. 80円の 切手を 5枚と はがきを 2枚 ください。
   ……はい。 全部で 500円です。

3. 富士大学に 外国人の 先生が いますか。
   ……はい、3人 います。 みんな アメリカ人です。

4. 兄弟は 何人ですか。
   ……4人です。 姉が 2人と 兄が 1人 います。

5. 1週間に 何回 テニスを しますか。
   ……2回ぐらい します。

6. 田中さんは どのくらい スペイン語を 勉強しましたか。
   ……3か月 勉強しました。
   3か月だけですか。 上手ですね。

7. 大阪から 東京まで 新幹線で どのくらい かかりますか。
   ……2時間半 かかります。

🔊)) <ruby>会<rt>かい</rt></ruby> <ruby>話<rt>わ</rt></ruby>
CD39

これ、お<ruby>願<rt>ねが</rt></ruby>いします

<ruby>管理人<rt>かんりにん</rt></ruby>　　　：　いい　<ruby>天気<rt>てんき</rt></ruby>ですね。　お<ruby>出<rt>で</rt></ruby>かけですか。

ワン　　　　：　ええ、ちょっと　<ruby>郵便局<rt>ゆうびんきょく</rt></ruby>まで。

<ruby>管理人<rt>かんりにん</rt></ruby>　　　：　そうですか。　<ruby>行<rt>い</rt></ruby>ってらっしゃい。

ワン　　　　：　<ruby>行<rt>い</rt></ruby>って　きます。

‥‥‥‥‥‥‥‥‥‥‥‥‥‥‥‥‥‥‥‥‥

ワン　　　　：　これ、オーストラリアまで　お<ruby>願<rt>ねが</rt></ruby>いします。

<ruby>郵便局員<rt>ゆうびんきょくいん</rt></ruby>：　はい。<ruby>船便<rt>ふなびん</rt></ruby>ですか、<ruby>航空便<rt>こうくうびん</rt></ruby>ですか。

ワン　　　　：　<ruby>航空便<rt>こうくうびん</rt></ruby>は　いくらですか。

<ruby>郵便局員<rt>ゆうびんきょくいん</rt></ruby>：　7,600<ruby>円<rt>えん</rt></ruby>です。

ワン　　　　：　<ruby>船便<rt>ふなびん</rt></ruby>は？

<ruby>郵便局員<rt>ゆうびんきょくいん</rt></ruby>：　3,450<ruby>円<rt>えん</rt></ruby>です。

ワン　　　　：　どのくらい　かかりますか。

<ruby>郵便局員<rt>ゆうびんきょくいん</rt></ruby>：　<ruby>航空便<rt>こうくうびん</rt></ruby>で　7<ruby>日<rt>なのか</rt></ruby>、<ruby>船便<rt>ふなびん</rt></ruby>で　2<ruby>か月<rt>げつ</rt></ruby>ぐらいです。

ワン　　　　：　じゃ、<ruby>船便<rt>ふなびん</rt></ruby>で　お<ruby>願<rt>ねが</rt></ruby>いします。

練習A

1. みかんが 　いつつ　 あります。
　　　　　　　 やっつ
　　　　　　　 とお
　　　　　　　 いくつ 　………… か。

2. 80円の 切手を 　1まい　 買いました。
　　　　　　　　　 4まい
　　　　　　　　　 9まい
　　　　　　　　　 なんまい 　…………… か。

3. この クラスに 留学生が 　ひとり　 います。
　　　　　　　　　　　　　 ふたり
　　　　　　　　　　　　　 4にん
　　　　　　　　　　　　　 なんにん 　……… か。

4. 　1しゅうかん　 に 　1かい　 映画を 見ます。
　　1かげつ　　　　　 2かい
　　1ねん　　　　　　 5かいぐらい
　　　　　　　　　　　 なんかい 　………………… か。

5. 国で 　5しゅうかん　 日本語を 勉強しました。
　　　　 6かげつ
　　　　 1ねんぐらい
　　　　 どのくらい 　……………………………… か。

6. わたしの 国から 日本まで 飛行機で 　4じかん　 かかります。
　　　　　　　　　　　　　　　　　　　　 5じかんはん
　　　　　　　　　　　　　　　　　　　　 12じかん
　あなたの 　…………………………　 どのくらい 　…………… か。

練習B

1. 例：りんご → りんごが いくつ ありますか。

   ……3つ あります。

   1）いす →   2）卵 →

   3）かばん →   4）部屋 →

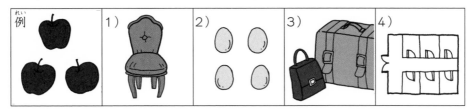

2. 例1：テレビ → テレビが 何台 ありますか。

   ……2台 あります。

   例2：シャツ → シャツが 何枚 ありますか。

   ……1枚 あります。

   1）CD →   2）コンピューター →

   3）封筒 →   4）車 →

3. 例：買います → はがきを 何枚 買いましたか。

   ……10枚 買いました。

   1）撮ります →   2）買います →

   3）食べます →   4）送ります →

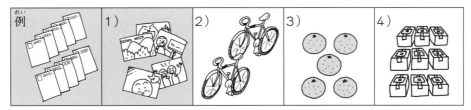

4. 例： 女の人 → 女の人が 何人 いますか。
   ……6人 います。

   1) 男の人 →   2) 子ども →
   3) 女の子 →   4) 学生 →

5. 例： 1か月・映画を 見ます（1） → 1か月に 何回 映画を 見ますか。
   ……1回 見ます。

   1) 1日・彼女に 電話を かけます（2） →
   2) 1週間・日本語を 習います（3） →
   3) 1か月・東京へ 行きます（1） →
   4) 1年・国へ 帰ります（1） →

6. 例： 会社を 休みました（4日）
      → 何日 会社を 休みましたか。…… 4日 休みました。

   1) 大学で 勉強します（4年） →
   2) 旅行しました（2週間） →
   3) コンビニで アルバイトを します（5時間） →
   4) 休みます（10分だけ） →

7. 例： 今まで 日本語を 勉強しました（3か月）
      → 今まで どのくらい 日本語を 勉強しましたか。
      ……3か月 勉強しました。

   1) これから 日本に います（2週間） →
   2) 今まで 中国語を 習いました（1年ぐらい） →
   3) 昼 休みます（45分） →
   4) 毎日 働きます（8時間） →

練習C

1. A: いらっしゃいませ。
   B: <u>サンドイッチ</u>を <u>2</u>つ ください。
   A: かしこまりました。

1) カレー

2)

2. A: 家族は 何人ですか。
   B: 4人です。
      <u>母</u>と <u>弟</u>が <u>2人</u> います。
   A: そうですか。

1)

2) いもうと

3. A: 8月に 1週間ぐらい 鹿児島へ 帰ります。
   B: 鹿児島? 飛行機ですか。
   A: いいえ、<u>バス</u>で 帰ります。
   B: <u>バス</u>で どのくらい
      かかりますか。
   A: <u>12時間</u>ぐらいです。
   B: 大変ですね。

1) 16じかん どのくらい?

2) 10じかん どのくらい?

問題

11

CD40 1. 1) _____
2) _____
3) _____
4) _____
5) _____

CD41 2. 1) ①  ② ③

2) ①  ② ③

96

CD42 3. 1) (　) 2) (　) 3) (　)

4. 例: みかんが (8 → やっつ) あります。
1) 子どもが (2 →　　　) います。
2) 車が (4 →　　　) あります。
3) 切手を (10 →　　　) 買いました。
4) りんごを (6 →　　　) ください。

5. 例: 子どもが （ 何人 ） いますか。……3人 います。

　　1) いすが （　　　　　） ありますか。……3つ あります。
　　2) 毎日 （　　　　　） 働きますか。…8時間 働きます。
　　3) 切符を （　　　　　） 買いますか。…2枚 買います。
　　4) 寮に 自転車が （　　　　　） ありますか。……5台 あります。

6. 例: 電車 （ で ） 1時間 （ × ） かかります。
　　1) 1週間 （　　　） 3回 （　　　） 彼女に 電話を かけます。
　　2) この 荷物は アメリカまで 船便 （　　　） いくらですか。
　　3) 日本 （　　　） 2年 （　　　） います。
　　4) りんご （　　　） 5つ （　　　） ください。
　　　　……はい。 600円です。

7. 1) 田中さんは ご主人と 子どもが 2人 います。 田中さんの 家族は
　　　　全部で 何人ですか。
　　　　……

　　2) りんごを 20 もらいました。 4つ 食べました。 隣の うちの
　　　　人に 6つ あげました。 今 りんごが いくつ ありますか。
　　　　……

　　3) 80円の 切手を 5枚と 50円の 切手を 5枚 買います。 全部で
　　　　いくらですか。
　　　　……

　　4) わたしは 中国語を 3か月 習いました。 1か月に 8回
　　　　習いました。 1回は 2時間です。 全部で 何時間 習いましたか。
　　　　……

12

文型
<small>ぶん けい</small>

1. きのうは 雨<small>あめ</small>でした。
2. きのうは 寒<small>さむ</small>かったです。
3. 北海道<small>ほっかいどう</small>は 九州<small>きゅうしゅう</small>より 大<small>おお</small>きいです。
4. わたしは 1年<small>ねん</small>で 夏<small>なつ</small>が いちばん 好<small>す</small>きです。

例文
<small>れい ぶん</small>

1. 京都<small>きょうと</small>は 静<small>しず</small>かでしたか。
   ……いいえ、静<small>しず</small>かじゃ ありませんでした。

2. 旅行<small>りょこう</small>は 楽<small>たの</small>しかったですか。
   ……はい、楽<small>たの</small>しかったです。
   天気<small>てんき</small>は よかったですか。
   ……いいえ、あまり よくなかったです。

3. きのうの パーティーは どうでしたか。
   ……とても にぎやかでした。 いろいろな 人<small>ひと</small>に 会<small>あ</small>いました。

4. ニューヨークは 大阪<small>おおさか</small>より 寒<small>さむ</small>いですか。
   ……ええ、ずっと 寒<small>さむ</small>いです。

5. 空港<small>くうこう</small>まで バスと 電車<small>でんしゃ</small>と どちらが 速<small>はや</small>いですか。
   ……電車<small>でんしゃ</small>の ほうが 速<small>はや</small>いです。

6. 海<small>うみ</small>と 山<small>やま</small>と どちらが 好<small>す</small>きですか。
   ……どちらも 好<small>す</small>きです。

7. 日本料理<small>にほんりょうり</small>[の 中<small>なか</small>]で 何<small>なに</small>が いちばん 好<small>す</small>きですか。
   ……てんぷらが いちばん 好<small>す</small>きです。

CD43 🔊 会話_{かい わ}

祇園祭_{ぎ おんまつり}は　どうでしたか

ミラー：　ただいま。

管理人_{かん り にん}：　お帰_{かえ}りなさい。

ミラー：　これ、京都_{きょうと}の　お土産_{みやげ}です。

管理人_{かん り にん}：　どうも　すみません。

　　　　　祇園祭_{ぎ おんまつり}は　どうでしたか。

ミラー：　おもしろかったです。

　　　　　とても　にぎやかでした。

管理人_{かん り にん}：　祇園祭_{ぎ おんまつり}は　京都_{きょうと}の　祭_{まつ}りで　いちばん　有名_{ゆうめい}ですからね。

ミラー：　そうですか。

　　　　　写真_{しゃしん}を　たくさん　撮_とりました。　これです。

管理人_{かん り にん}：　わあ、すごい　人_{ひと}ですね。

ミラー：　ええ。　ちょっと　疲_{つか}れました。

練習A

12

1. 京都は　ゆきでした。
　　　　　きれいでした。
　　　　　さむかったです。
　　　　　どうでした　　　か。

2.

やすみ	でした	やすみ	じゃ　ありませんでした（では）
きれい	でした	きれい	じゃ　ありませんでした（では）
しずか	でした	しずか	じゃ　ありませんでした（では）

あつ	かった	です	あつ	くなかった	です
おいし	かった	です	おいし	くなかった	です
よ	かった	です	よ	くなかった	です

3. とうきょう　　　は　おおさか　　　　　　　より　大きいです。
　　この　シャツ　　　　その　シャツ
　　わたしの　くるま　　ミラーさんの　くるま

4. サッカー　と　やきゅう　と　どちらが　おもしろいですか。
　　ほん　　　　えいが
　　しごと　　　べんきょう

　　……サッカー　の　ほうが　おもしろいです。
　　　　ほん
　　　　しごと

5. スポーツ　で　なに　が　いちばん　おもしろい　ですか。
　　にほんじん　　だれ　　　　　　　ゆうめい
　　せかい　　　　どこ　　　　　　　きれい
　　いちねん　　　いつ　　　　　　　さむい

練習 B

1. 例: きのう・いい 天気 → きのうは いい 天気でした。

   1) おととい・雨 →
   2) 図書館・休み →
   3) 先週・暇 →
   4) 奈良公園・静か →

2. 例: きのう・涼しい → きのうは 涼しかったです。

   1) 先月・忙しい →
   2) お祭り・楽しい →
   3) 去年の 冬・暖かい →
   4) 公園・人が 多い →

3. 例1: サントスさん・元気 (はい) → サントスさんは 元気でしたか。
   　　　　　　　　　　　　　　　　　　……はい、元気でした。

   例2: パーティーの 料理・おいしい (いいえ)
   　　→ パーティーの 料理は おいしかったですか。
   　　　　……いいえ、おいしくなかったです。

   1) お祭り・にぎやか (はい、とても) →
   2) 試験・簡単 (いいえ) →
   3) 歌舞伎・おもしろい (はい) →
   4) コンサート・いい (いいえ、あまり) →

4. 例: 京都 (とても きれい) → 京都は どうでしたか。
   　　　　　　　　　　　　　　　　　……とても きれいでした。

   1) 天気 (曇り) →
   2) タイ 料理 (辛い) →
   3) 北海道 (あまり 寒くない) →
   4) ホテルの 部屋 (とても すてき) →

5. 例： 北海道・大阪・涼しい → 北海道は　大阪より　涼しいです。

　↓　1) この　かばん・その　かばん・重い　→

　　　2) 牛肉・とり肉・高い　→

　　　3) ホンコン・シンガポール・近い→

　　　4) ミラーさん・サントスさん・テニスが　上手　→

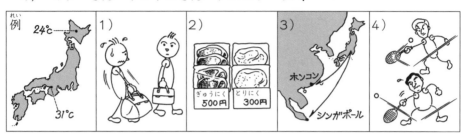

6. 例： 今週・来週・暇（来週）
　　　　→　今週と　来週と　どちらが　暇ですか。
　　　　……来週の　ほうが　暇です。

　　　1) ひらがな・かたかな・難しい（かたかな）　→

　　　2) 大きい　みかん・小さい　みかん・甘い（小さい　みかん）　→

　　　3) お父さん・お母さん・料理が　上手（父）　→

　　　4) 春・秋・好き（どちらも）　→

7. 例： お母さんの　料理・おいしい
　　　　→　お母さんの　料理で　何が　いちばん　おいしいですか。
　　　　……カレーが　いちばん　おいしいです。

　　　1) スポーツ・おもしろい　→

　　　2) 1年・暑い　→

　　　3) 家族・歌が　上手　→

　　　4) スーパー・安い　→

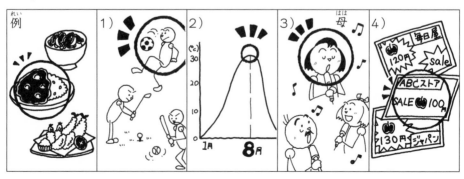

練習C

1. A: きのう 初めて おすしを 食べました。
   B: どうでしたか。
   A: とても おいしかったです。

2. A: お茶は いかがですか。
   B: ありがとう ございます。
   A: 熱いのと 冷たいのと どちらが いいですか。
   B: 熱いのを お願いします。

3. A: 来年 北海道へ 行きます。
      いつが いちばん いいですか。
   B: そうですね。
      6月が いちばん いいですよ。
   A: 6月ですか。
   B: ええ。 きれいな 花が たくさん ありますから。

12

🔊 CD44

1. 1) _____

2) _____

3) _____

4) _____

5) _____

🔊 CD45

2. 1)（　　）2)（　　）3)（　　）4)（　　）5)（　　）

3. 例：この 卵は 新しいですか。……いいえ、（ 古い ）です。

1) あなたの うちは 駅から 近いですか。……いいえ、（　　　　　）です。

2) 日曜日は 車が 多いですか。……いいえ、（　　　　　）です。

3) その カメラは 軽いですか。……いいえ、（　　　　　）です。

4) 野球が 好きですか。……いいえ、（　　　　　）です。

4. 例：海は きれいでしたか。

　　……いいえ、あまり （ きれいじゃ ありませんでした ）。

1) 天気は よかったですか。

　　……いいえ、（　　　　　　　　　　　　　　）。

2) きのうは 雨でしたか。

　　……いいえ、（　　　　　　　　　　　　　　）。

3) 映画は おもしろかったですか。

　　……いいえ、あまり （　　　　　　　　　　　　　　）。

4) 試験は 簡単でしたか。

　　……いいえ、あまり （　　　　　　　　　　　　　　）。

5) 先週は 忙しかったですか。

　　……いいえ、（　　　　　　　　　　　　　　）。

5. 例：あの 人は （ だれ ）ですか。……ミラーさんです。

1) 夏と 冬と （　　　　　） が 好きですか。

　　……冬の ほうが 好きです。

2) 家族で （　　　　　） が いちばん 料理が 上手ですか。

　　……父が いちばん 上手です。

104

3）スポーツで（　　　　）が　いちばん　おもしろいですか。
　　……サッカーが　いちばん　おもしろいです。
4）日本で（　　　　）が　いちばん　人が　多いですか。
　　……東京が　いちばん　多いです。
5）1週間で（　　　　）が　いちばん　忙しいですか。
　　……月曜日が　いちばん　忙しいです。

6.

─── どこが　いちばん　いいですか ───

　　わたしの　うちの　近くに　スーパーが　3つ　あります。「毎日屋」と
「ABCストア」と　「ジャパン」です。
　　「毎日屋」は　いちばん　小さい　店ですが、近いです。　うちから
歩いて　5分です。　新しい　魚が　多いです。　野菜や　果物も
多いです。　外国の　物は　全然　ありません。
　　「ABCストア」は　うちから　歩いて　15分　かかります。　肉が
多いです。　いちばん　安い　店です。　外国の　物も　ありますが、
「ジャパン」より　少ないです。　おいしい　パンが　あります。
　　「ジャパン」は　いちばん　遠いです。　魚は　あまり　多くないですが、
肉が　たくさん　あります。外国の　物が　多いです。　とても　大きい
店です。　「ABCストア」より　大きいです。　3つの　店の　中で
わたしは　「ABCストア」が　いちばん　好きです。

105

どこで　買いましたか。
例：刺身を　食べました。　新しかったですから、おいしかったです。
　　　　　　　　　　　　　　　　　　　　　　　（　毎日屋　）
1）夫の　誕生日に　肉と　ワインと　おいしい　パンを　買いました。
　　　　　　　　　　　　　　　　　　　　　　（　　　　　）
2）自転車で　15分　かかりました。外国の　物を　たくさん
　買いました。　　　　　　　　　　　　　　　（　　　　　）
3）きのうは　雨でしたから、いちばん　近い　スーパーへ　行きました。
　　　　　　　　　　　　　　　　　　　　　　（　　　　　）
4）今晩は　すき焼きです。肉を　たくさん　買いました。とても
　安かったです。　　　　　　　　　　　　　　（　　　　　）

復習C

1. 例： あの 人は ［ だれ ］ですか。……ミラーさんです。

   1) ミラーさん、日本語の 勉強は ［   ］ですか。

      ……おもしろいです。

      ひらがなと かたかなと ［   ］が 難しいですか。

      ……かたかなの ほうが 難しいです。

      漢字が ［   ］ わかりますか。

      ……50ぐらい わかります。

   2) ニューヨークは ［   ］ 町ですか。

      ……にぎやかな 町です。

      ニューヨークから 大阪まで 飛行機で ［   ］ かかりますか。

      ……12時間ぐらい かかります。

   3) ミラーさんは 兄弟が ［   ］ いますか。

      ……姉が 1人 います。

      お姉さんは ［   ］に いますか。

      ……ロンドンに います。

   4) きのうの パーティーは ［   ］でしたか。

      ……にぎやかでした。

      ［   ］ 料理が ありましたか。

      ……すしや てんぷらが ありました。

      ［   ］が いちばん おいしかったですか。

      ……てんぷらが いちばん おいしかったです。

   5) 寮に テレビが ［   ］ ありますか。

      ……2台 ありますが、わたしは あまり 見ません。

      ［   ］ 見ませんか。

      ……日本語が わかりませんから。

2. 例： サントスさんは ブラジル（ から ）来ました。

   1) サントスさんの うち（   ）犬と 猫（   ）います。

      犬の 名前は トモです。猫は 名前（   ）ありません。

      テレーザちゃんは トモの ほう（   ）好きです。

      トモは 日本語（   ）少し わかります。

   2) サントスさんは マリアさん（   ）料理（   ）上手です。

      1週間（   ）1回 スーパーへ 行きます。サントスさんは

      スーパーの 中（   ）「ジャパン」（   ）いちばん 好きです。

3）サントスさんの　うち（　　　）小さいです（　　　）、すてきな　うち
です。　うち（　　　）近く（　　　）公園（　　　）図書館などが
あります。　駅まで　歩いて　10分です（　　　）、とても　便利です。

3.　これは　サントスさんの　家族の　写真です。
サントスさんと　マリアさんの　（例：間）に
テレーザちゃんが　います。　テレーザちゃんの
（　　　）に　トモが　います。
テレーザちゃんの　（　　　）に　棚が
あります。　棚の　（　　　）に　猫が　います。

4.　レポートが（例：3枚）あります。
教室に　学生が　（　　　）います。
いすが　（　　　）あります。
パソコンが　（　　　）あります。
1週間に　（　　　）試験が　あります。
夏休みが　（　　　）あります。

5.　例：駅は　近いですか。……いいえ、（　近くないです　）。（　遠い　）です。
1）あした　暇ですか。
　　……いいえ、（　　　　　　　　　　　）。（　　　　　　　　　　）です。
　　歌が　上手ですか。
　　……いいえ、（　　　　　　　　　　　）。（　　　　　　　　　　）です。
2）奈良は　人が　多かったですか。
　　……いいえ、（　　　　　　　　　　　）。（　　　　　　　　　　）です。
　　いい　天気でしたか。
　　……いいえ、（　　　　　　　　　　　）。（　　　　　　　　　　）でした。

6.　例：あした　いっしょに　京都へ　（ⓐ.行きませんか　　b.行きましたか）。
1）自動販売機は　どこですか。……2階に　（a.います　　b.あります）。
2）映画は　（a.どうですか　　b.どうでしたか）。
　　……とても　よかったです。
3）京都に　美術館が　（a.いくら　　b.いくつ）ありますか。
　　……3つ　あります。
4）パンダと　象と　どちらが　好きですか。
　　……（a.どちらも　　b.何も）好きです。

副詞・接続詞・会話表現の　まとめ I

1. 例：（ⓐ. ちょっと　b. 少し）　すみません。

   1）（ a. もう　b. まだ ）　昼ごはんを　食べましたか。

   ……いいえ、（ a. もう　b. まだ ）です。

   （ a. これから　b. 初めて ）　食べます。

   2）どこで　昼ごはんを　食べますか。

   ……（ a. いつも　b. いっしょに ）　会社の　食堂で　食べますが、

   （ a. 早く　b. 時々 ）　レストランへ　行きます。

   3）会社の　食堂と　レストランと　どちらが　いいですか。

   ……レストランの　ほうが　いいです。　レストランの　ほうが

   （ a. いちばん　b. ずっと ）　おいしいです。

   （ a. そして　b. と ）　静かです。

   4）国で　日本語を　勉強しましたか。

   ……いいえ、（ a. みんな　b. 全然 ）　しませんでした。

   5）日本語の　勉強は　どうですか。

   ……（ a. あまり　b. 少し ）　難しくないですが、漢字の　勉強は

   （ a. たくさん　b. とても ）　大変です。

108

2. 例：お元気ですか。　……（ a. はい、そうです　ⓑ. はい、元気です ）。

   1）（ a. どうぞ　b. ちょっと　c. 失礼ですが ）、お名前は？

   ……ミラーです。

   2）これから　お世話に　なります。　どうぞ　よろしく　お願いします。

   ……（ a. お願いします　b. こちらこそ　よろしく

   c. いいえ、けっこうです ）。

   3）お出かけですか。

   ……（ a. はい、お出かけです　b. ええ、ちょっと　郵便局まで

   c. じゃ、また ）。

   4）行って　きます。

   ……（ a. 行ってらっしゃい　b. そうですか

   c. いらっしゃいませ ）。

   5）ただいま。

   ……（ a. いらっしゃい　b. 今ですか　c. お帰りなさい ）。

3. 例： ミラー： 初めまして 。 ミラーです。
　　　　　　　　これから お世話に なります 。
　　　　　　　　どうぞ よろしく お願いします 。
　　　　　山田 ：こちらこそ どうぞ よろしく。

1） 佐藤 ：あした お花見を します。 いっしょに 例：いかがですか 。
　　　ミラー：あしたですか。 あしたは ＿＿＿＿＿……。
　　　　　　　＿＿＿＿＿、友達と 約束が あります。
　　　佐藤 ：そうですか。
　　　ミラー：すみません。 また ＿＿＿＿＿＿＿＿＿。

2） 店員 ：いらっしゃいませ。
　　　ミラー：＿＿＿＿＿。 その ワインを ＿＿＿＿。
　　　店員 ：はい、どうぞ。
　　　ミラー：どこの ワインですか。
　　　店員 ：日本のです。おいしいですよ。2,000 円です。
　　　ミラー：じゃ、＿＿＿＿＿＿＿＿＿。

3） 山田 ：いらっしゃい。 どうぞ ＿＿＿＿＿＿。
　　　ミラー：＿＿＿＿＿＿＿＿＿。
　　　　　　　＿＿＿＿＿、お土産です。 ＿＿＿＿。
　　　山田 ：ありがとう ございます。

109

4） 山田 ：＿＿＿＿＿は ＿＿＿＿＿＿＿＿＿＿。
　　　ミラー：はい、＿＿＿＿＿＿＿＿＿。
　　　山田 ：コーヒーと 紅茶と どちらが いいですか。
　　　ミラー：コーヒーを ＿＿＿＿＿＿＿＿＿＿。
　　　山田 ：どうぞ。
　　　ミラー：＿＿＿＿＿＿＿＿＿。

5） 山田 ：コーヒー、もう 一杯 ＿＿＿＿＿＿。
　　　ミラー：いいえ、＿＿＿＿＿。 ごちそうさまでした。
　　　　　　　あ、＿＿＿＿＿ね。 ＿＿＿＿＿＿＿＿＿。
　　　山田 ：そうですか。
　　　ミラー：きょうは ＿＿＿＿＿＿＿＿＿＿＿＿。
　　　山田 ：いいえ。 ＿＿＿＿＿ いらっしゃって
　　　　　　　ください。

文型

1. わたしは 車が 欲しいです。
2. わたしは すしを 食べたいです。
   （が）
3. わたしは フランスへ 料理を 習いに 行きます。

例文

1. 今 何が いちばん 欲しいですか。
   ……新しい ケータイが 欲しいです。

2. 夏休みは どこへ 行きたいですか。
   ……沖縄へ 行きたいです。

3. きょうは 疲れましたから、何も したくないです。
   ……そうですね。 きょうの 会議は 大変でしたね。

4. 週末は 何を しますか。
   ……子どもと 神戸へ 船を 見に 行きます。

5. 日本へ 何の 勉強に 来ましたか。
   ……美術の 勉強に 来ました。

6. 冬休みは どこか 行きましたか。
   ……ええ。 北海道へ スキーに 行きました。

110

別々に　お願いします

山田　　　：　もう　12時ですよ。　昼ごはんを　食べに　行きませんか。

ミラー　　：　ええ。

山田　　　：　どこへ　行きますか。

ミラー　　：　そうですね。　きょうは　日本料理が　食べたいですね。

山田　　　：　じゃ、「つるや」へ　行きましょう。

....

店の人　：　ご注文は？

ミラー　　：　わたしは　てんぷら定食。

山田　　　：　わたしは　牛どん。

店の人　：　てんぷら定食と　牛どんですね。　少々　お待ち　ください。

....

店の人　：　1,680円で　ございます。

ミラー　　：　すみません。　別々に　お願いします。

店の人　：　はい。　てんぷら定食は　980円、牛どんは　700円です。

13

111

練習A

1. わたしは くるま が 欲しいです。
   うち
   ともだち

2. わたしは カメラを かい たいです。
   家族に あい
   外国で はたらき

   あなたは なにを し …………か。

3.

いき	たい	です		いき	たくない	です
たべ	たい	です		たべ	たくない	です
けっこんし	たい	です		けっこんし	たくない	です

4. わたしは 京都へ あそび に 行きます。
   日本料理を たべ

   かいもの
   びじゅつの べんきょう

   あなたは ………… なにを し ……………か。

13

112

練習 B

1. 例： → わたしは カメラが 欲しいです。
   1) → 　　2) → 　　3) → 　　4) →

2. 例： パソコン（軽い） → どんな パソコンが 欲しいですか。
   　　　　　　　　　　　　……軽い パソコンが 欲しいです。

   1) 車（赤い） →
   2) 靴（アキックス） →
   3) 時計（日本） →
   4) うち（広い） →

3. 例： → すき焼きを 食べたいです。
   1) → 　　2) → 　　3) → 　　4) →

4. 例： 何を 買いますか（自転車） → 何を 買いたいですか。
   　　　　　　　　　　　　　　　　……自転車を 買いたいです。

   1) いつ 北海道へ 行きますか（2月） →
   2) 何を 習いますか（生け花） →
   3) だれに 会いますか（両親） →
   4) 何を 食べますか（何も） →
   5) どんな 本を 読みますか（旅行の 本） →

13

5. 例： イタリアへ 歌を 習いに 行きます。

⬇ 1)　→　　　2)　→　　　　3)　→　　　　4)　→

例	1)	2)	3) 図書館	4) 駅
歌を 習います	お土産を 買います	荷物を 送ります	本を 借ります	友達を 迎えます

6. 例1： 公園へ 行きます・散歩します → 公園へ 散歩に 行きます。
　　例2： 京都へ 行きます・花見を します
　　　　　→ 京都へ 花見に 行きます。
　　1) 横浜へ 行きます・買い物します →
　　2) ホテルへ 行きます・食事します →
　　3) 川へ 行きます・釣りを します →
　　4) 沖縄へ 行きます・旅行します →

7. 例： 遊びます（友達の うち） → どこへ 遊びに 行きますか。
　　　　　　　　　　　　　　　　……友達の うちへ 遊びに 行きます。
　　1) 泳ぎます（ホテルの プール） →
　　2) お土産を 買います（デパート） →
　　3) 絵を 見ます（奈良の 美術館） →
　　4) 食事します（インド料理の レストラン） →

8. 例： だれ・映画を 見ます（姉）
　　　　　→ だれと 映画を 見に 行きますか。
　　　　　　　……姉と 見に 行きます。
　　1) 何・買います（靴） →
　　2) だれ・会います（カリナさん） →
　　3) 何時・子どもを 迎えます（2時ごろ） →
　　4) いつ・旅行します（来月） →

13

114

練習C

1. A: すみません。「おはようテレビ」ですが、
　　　今　何が　いちばん　欲しいですか。
　 B: 広い　うちが　欲しいです。
　　　今の　うちは　狭いですから。
　 A: そうですか。
　　　どうも　ありがとう　ございました。

13

1)

2)

2. A: のどが　かわきましたね。
　 B: ええ、何か　飲みたいですね。
　 A: あそこで　何か　飲みませんか。
　 B: ええ、そう　しましょう。

115

1)

2)

3. A: 週末は　何を　しましたか。
　 B: 奈良へ　遊びに　行きました。
　 A: どうでしたか。
　 B: とても　楽しかったです。
　 A: そうですか。

1)

2)

🔊
CD47　1.　1) _____

　　　　　2) _____

　　　　　3) _____

　　　　　4) _____

　　　　　5) _____

🔊
CD48　2.　1) (　　) 2) (　　) 3) (　　) 4) (　　) 5) (　　)

3.　例：もう 12時ですから、昼ごはんを （ 食べたい ）です。

帰ります　 行きます　 飲みます　 食べます　 寝ます　 します

　　1) 用事が ありますから、5時に うちへ （　　　　　　）です。

　　2) あしたは 休みですから、昼まで （　　　　　　）です。

　　3) のどが かわきましたから、何か （　　　　　　）です。

　　4) 疲れましたから、何も （　　　　　　）です。

　　5) 暑いですから、どこも （　　　　　　）です。

4.　例：喫茶店へ コーヒーを （ 飲み ）に 行きます。

買い物します　　　　　借ります　　　　　泳ぎます　　　　飲みます
旅行します　　　　　買います

　　1) 図書館へ 本を （　　　　　）に 行きます。

　　2) 郵便局へ 切手を （　　　　　）に 行きました。

　　3) デパートへ （　　　　　）に 行きたいです。

　　4) 暑いですから、プールへ （　　　　　）に 行きましょう。

　　5) 日本に 1年 いますから、いろいろな 所へ （　　　　　）に
　　　 行きたいです。

5. 例： 昼ごはん （ を ） 食べます。

1） わたしは 大きい うち （　　　） 欲しいです。

2） きょうは 雨ですから、どこ （　　　） 行きたくないです。

3） 京都の 大学 （　　　） 美術 （　　　） 勉強します。

4） 日本 （　　　） 日本語 （　　　） 勉強 （　　　） 来ました。

5） おなかが すきましたから、レストラン （　　　） 食事 （　　　）
　　 行きます。

6.

────────────────────── 犬の 生活 ──

　　わたしは トモです。 サントスさんの うちに います。 わたしは
毎朝 奥さんと 散歩に 行きます。 8時ごろ テレーザちゃんと
学校へ 行きます。 それから うちへ 帰ります。 そして、奥さんと
買い物に 行きます。 午後 学校へ テレーザちゃんを 迎えに 行きます。
それから いっしょに 公園へ 遊びに 行きます。

　　週末は テレーザちゃんの 学校と サントスさんの 会社は
休みです。 サントスさんの 家族は 遠い 所へ 車で 遊びに
行きます。 わたしも いっしょに 行きます。 とても 疲れます。

　　サントスさんの うちに 猫も います。 猫は
毎日 何も しません。 どこも 行きません。
わたしは 朝から 晩まで 忙しいです。 休みが
全然ありません。 わたしは 猫と いっしょに
休みたいです。

1） （　　） わたしは 奥さんと 散歩や 買い物に 行きます。

2） （　　） テレーザちゃんは わたしと いっしょに 学校から 帰ります。

3） （　　） サントスさんの 家族は 週末 近くの 公園へ 遊びに
　　　　　行きます。

4） （　　） 猫は わたしより 暇です。

5） （　　） 犬の 生活は 猫の 生活より 休みが 多いです。

文型

1. ちょっと 待って ください。
2. 荷物を 持ちましょうか。
3. ミラーさんは 今 電話を かけて います。

14

例文

1. ボールペンで 名前を 書いて ください。
   ……はい、わかりました。

2. すみませんが、この 漢字の 読み方を 教えて ください。
   ……「じゅうしょ」ですよ。

118

3. 暑いですね。 窓を 開けましょうか。
   ……すみません。 お願いします。

4. 駅まで 迎えに 行きましょうか。
   ……タクシーで 行きますから、けっこうです。

5. 佐藤さんは どこですか。
   ……今 会議室で 松本さんと 話して います。
   じゃ、また あとで 来ます。

6. 雨が 降って いますか。
   ……いいえ、降って いません。

CD49 会話

みどり町まで お願いします

カリナ： みどり町まで お願いします。
運転手： はい。

⋯⋯⋯⋯⋯⋯⋯⋯⋯⋯⋯⋯⋯⋯⋯⋯⋯

カリナ： すみません。 あの 信号を 右へ 曲がって ください。
運転手： 右ですね。
カリナ： ええ。

⋯⋯⋯⋯⋯⋯⋯⋯⋯⋯⋯⋯⋯⋯⋯⋯⋯

運転手： まっすぐですか。
カリナ： ええ、まっすぐ 行って ください。

⋯⋯⋯⋯⋯⋯⋯⋯⋯⋯⋯⋯⋯⋯⋯⋯⋯

カリナ： あの 花屋の 前で 止めて ください。
運転手： はい。
1,800円です。
カリナ： これで お願いします。
運転手： 3,200円の お釣りです。 ありがとう ございました。

14

119

練習A

1.

I	ます形			て形		
	か	き	ます	か	い	て
	い	き	ます	*い	っ	て
	いそ	ぎ	ます	いそ	い	で
	の	み	ます	の	ん	で
	よ	び	ます	よ	ん	で
	かえ	り	ます	かえ	っ	て
	か	い	ます	か	っ	て
	ま	ち	ます	ま	っ	て
	か	し	ます	か	し	て

II	ます形		て形	
	たべ	ます	たべ	て
	ね	ます	ね	て
	おき	ます	おき	て
	かり	ます	かり	て
	み	ます	み	て
	い	ます	い	て

III	ます形		て形	
	き	ます	き	て
	し	ます	し	て
	さんぽし	ます	さんぽし	て

2.

問題を	よんで	ください。
答えを	かいて	
	いそいで	

すみませんが、	塩を	とって
	電話番号を	おしえて

どうぞ	たくさん	たべて
	ゆっくり	やすんで

3.

	てつだい	ましょうか。
迎えに	いき	
窓を	しめ	

4. ミラーさんは　今

レポートを	よんで	います。
テレビを	みて	
日本語を	べんきょうして	

なにを　して	………か。

練習 B

1. 例： → パスポートを 見せて ください。
   1) →　　　　2) →　　　　3) →　　　　4) →

2. 例： ちょっと 手伝います
   → すみませんが、ちょっと 手伝って ください。
   1) エアコンを つけます →
   2) ドアを 閉めます →
   3) 写真を 撮ります →
   4) もう 少し ゆっくり 話します →

3. 例： → どうぞ 飲んで ください。
   1) →　　　　2) →　　　　3) →　　　　4) →

| 例 飲みます | 1) 入ります | 2) 座ります | 3) 食べます | 4) 使います |

4. 例1： 電気を 消します（ええ） → 電気を 消しましょうか。
   ……ええ、お願いします。
   例2： 塩を 取ります（いいえ） → 塩を 取りましょうか。
   ……いいえ、けっこうです。
   1) 地図を かきます（ええ） →
   2) 荷物を 持ちます（いいえ） →
   3) エアコンを つけます（ええ） →
   4) 駅まで 迎えに 行きます（いいえ） →

5. 例：窓を 開けます（少し） → 窓を 開けましょうか。

        ……ええ、少し 開けて ください。

    1) これを コピーします（5枚） →

    2) レポートを 送ります（すぐ） →

    3) タクシーを 呼びます（2台） →

    4) あしたも 来ます（10時） →

6. 例： → 何を して いますか。

    ……レポートを 書いて います。

    1) →   2) →   3) →   4) →

7. 例：カリナさんは 何を かいて いますか。

    → 花を かいて います。

    1) 山田さんは 何を して いますか。→

    2) サントスさんは どこで 寝て いますか。 →

    3) ワンさんは 何を 読んで いますか。 →

    4) ミラーさんは だれと 話して いますか。 →

    5) シュミットさんは 釣りを して いますか。 →

    6) 今 雨が 降って いますか。 →

練習C

1. A: すみません。
   B: はい。
   A: ちょっと <u>ボールペンを 貸して</u> ください。
   B: <u>はい、どうぞ。</u>

1)  2)

2. A: 荷物が 多いですね。
      1つ 持ちましょうか。
   B: すみません。 お願いします。

1)  2)

3. A: さあ、行きましょう。
      あれ？ ミラーさんが いませんね。
   B: あちらで <u>写真を 撮って</u> います。
   A: すみませんが、 呼んで ください。

14

123

CD50 1. 1) _____

2) _____

3) _____

4) _____

5) _____

CD51 2. 1)

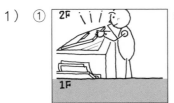 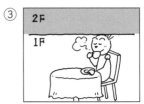

2)

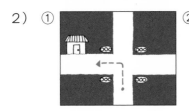 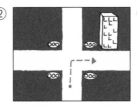 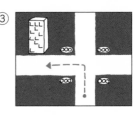

CD52 3. 1)（　　） 2)（　　） 3)（　　）

4.

例： 書きます	書いて	7) 買います	
1) 行きます		8) 貸します	
2) 急ぎます		9) 食べます	
3) 飲みます		10) 起きます	
4) 遊びます		11) 見ます	
5) 待ちます		12) 勉強します	
6) 帰ります		13) 来ます	

5. 例1： すみませんが、ボールペンを （ 貸して ） ください。

例2： 寒いですね。 窓を （ 閉め ）ましょうか。

閉めます　　貸します　　持ちます　　来ます　　急ぎます　　送ります

1) 時間が ありませんから、（　　　　　　） ください。

2) 今 忙しいですから、また あとで （　　　　　　） ください。

3）荷物が　多いですね。　1つ　（　　　　　）ましょうか。

　　……すみません。　お願いします。

4）IMCに　この　レポートを　（　　　　　）ましょうか。

　　……ええ、すぐ　（　　　　　）ください。

6．例：山田さんは　今　昼ごはんを　（　食べて　）　います。

降ります　　　泳ぎます　　　食べます　　　遊びます　　　します

1）テレーザちゃんは　どこですか。

　　……2階です。　太郎ちゃんと　（　　　　　）いますよ。

2）雨が　（　　　　　）いますね。　タクシーを　呼びましょうか。

3）サントスさんは　今　何を　（　　　　　）いますか。

　　……プールで　（　　　　　）います。

7.

────────────────────────────── メール ──

　マリアさん

　　お元気ですか。　毎日　暑いですね。　わたしと　太郎は　今　両親の
うちに　います。　両親の　うちは　海の　近くに　あります。
太郎は　毎日　泳ぎに　行きます。　時々　釣りも　します。　ここの
魚は　おいしいです。　週末に　夫も　来ます。

　　マリアさんも　ジョゼさん、テレーザちゃんと　いっしょに　遊びに
来て　ください。　駅まで　車で　迎えに　行きます。
いつ　来ますか。　メールを　ください。　待って　います。

　山田友子

A　山田友子　　B　山田太郎　　C　山田一郎　　D　マリア・サントス

例：この　メールを　書きました。　　　　　　　　　　　　（　A　）

1）この　メールを　もらいました。　　　　　　　　　　　（　　）

2）毎日　泳ぎます。　　　　　　　　　　　　　　　　　　（　　）

3）週末に　友子さんの　両親の　うちへ　来ます。　　　　（　　）

4）マリアさんと　ジョゼさんと　テレーザちゃんを　駅まで　迎えに
行きます。　　　　　　　　　　　　　　　　　　　　　（　　）

14

125

文型

1. 写真を 撮っても いいですか。
2. サントスさんは 電子辞書を 持って います。

例文

1. この カタログを もらっても いいですか。
   ……ええ、いいですよ。 どうぞ。

2. この 辞書を 借りても いいですか。
   ……すみません、ちょっと……。 今 使って います。

3. ここで 遊んでは いけません。
   ……はい。

4. 市役所の 電話番号を 知って いますか。
   ……いいえ、知りません。

5. マリアさんは どこに 住んで いますか。
   ……大阪に 住んで います。

6. ワンさんは 結婚して いますか。
   ……いいえ、独身です。

7. お仕事は 何ですか。
   …… 教師です。 高校で 教えて います。

ご家族は？

木村 ： いい 映画でしたね。

ミラー： ええ。 わたしは 家族を 思い出しました。

木村 ： そうですか。 ミラーさんの ご家族は？

ミラー： 両親と 姉が 1人 います。

木村 ： どちらに いらっしゃいますか。

ミラー： 両親は ニューヨークの 近くに 住んで います。
姉は ロンドンで 働いて います。
木村さんの ご家族は？

木村 ： 3人です。 父は 銀行員です。
母は 高校で 英語を 教えて います。

15

127

練習A

1. 鉛筆で　　　　　　　かいて　も　いいですか。
    この　ホッチキスを　つかって
    ここに　　　　　　　すわって

2. お酒を　　　　　　　のんで　は　いけません。
    ここで　写真を　　　とって
    ここに　車を　　　　とめて

3. わたしは　京都に　　　　　　すんで　います。
    　　　　　マリアさんを　　　しって
    　　　　　　　　　　　　　　けっこんして

4. わたしは　IMCで　　　　　　　　　　はたらいて　います。
    　　　　　会社で　英語を　　　　　　おしえて
    　　　　　日本語学校で　日本語を　　べんきょうして

練習 B

1. 例: パソコンを 使います → パソコンを 使っても いいですか。

　　1) 帰ります →

　　2) テレビを 消します →

　　3) 辞書を 借ります →

　　4) 窓を 開けます →

2. 例1: → この 傘を 借りても いいですか。

　　　　……ええ、いいですよ。　どうぞ。

　　例2: → 写真を 撮っても いいですか。

　　　　……すみません。　ちょっと……。

　　1) →　　　　2) →　　　　3) →　　　　4) →

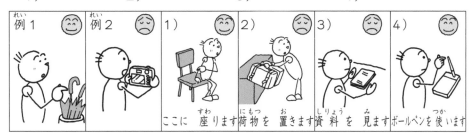

3. 例: ここで → ここで たばこを 吸っては いけません。

　　1) ここで →　　　　　2) ここで →

　　3) ここに →　　　　　4) ここに →

4. 例1: カリナさんを 知って いますか。(はい)
　　　　→ はい、知って います。
　　例2: 車を 持って いますか。(いいえ)
　　　　→ いいえ、持って いません。
　　1) 結婚して いますか。(いいえ) →
　　2) 寮に 住んで いますか。(はい) →
　　3) 自転車を 持って いますか。(はい) →
　　4) 木村さんの 住所を 知って いますか。(いいえ) →

15

5. 例: どこで 安い 電気製品を 売って いますか。(大阪の 日本橋)
　　　　→ 大阪の 日本橋で 売って います。
　　1) IMCは 何を 作って いますか。(コンピューターソフト) →
　　2) あの 店で 何を 売って いますか。(古い 服) →
　　3) さくら大学は どこの コンピューターを 使って いますか。
　　　　(パワー電気) →
　　4) どこで この お酒を 造って いますか。(沖縄) →

6. 例: シュミットさん・どこ・働きます (パワー電気)
　　　　→ シュミットさんは どこで 働いて いますか。
　　　　……パワー電気で 働いて います。
　　1) イーさん・何・研究します (経済) →
　　2) 山田友子さん・どこ・働きます (アップル銀行) →
　　3) カリナさん・何・勉強します (美術) →
　　4) ワットさん・どこ・教えます (さくら大学) →

れんしゅう

1.　A：　ちょっと　すみません。
　　B：　はい。
　　A：　この　カタログ、もらっても　いいですか。
　　B：　ええ、どうぞ。
　　A：　どうも。

2.　A：　あのう、いい　歯医者を　知って　いますか。
　　　　　　　は い し ゃ　　　し
　　B：　ええ。
　　A：　すみませんが、教えて　ください。
　　　　　　　　　　　　お し
　　B：　いいですよ。

131

3.　A：　皆さん、こんにちは。　「みんなの　インタビュー」の　時間です。
　　　　　みな　　　　　　　　　　　　　　　　　　　　　　　　　　　　　じ かん
　　　　　お名前は？
　　　　　な まえ
　　B：　ミラーです。　アメリカから　来ました。
　　　　　　　　　　　　　　　　　　　き
　　A：　お仕事は？
　　　　　し ごと
　　B：　会社員です。　コンピューターソフトの
　　　　　かいしゃいん
　　　　　会社で　働いて　います。
　　　　　かいしゃ　はたら
　　A：　よろしく　お願いします。
　　　　　　　　　　ねが

ミラー

ワット　　　　　　　　　　　　　　　　　　　　　　　　　　　カリナ

CD54　1.　1) ＿＿＿＿＿＿＿＿＿＿＿＿＿＿＿＿＿＿＿＿＿＿＿＿
　　　　2) ＿＿＿＿＿＿＿＿＿＿＿＿＿＿＿＿＿＿＿＿＿＿＿＿
　　　　3) ＿＿＿＿＿＿＿＿＿＿＿＿＿＿＿＿＿＿＿＿＿＿＿＿
　　　　4) ＿＿＿＿＿＿＿＿＿＿＿＿＿＿＿＿＿＿＿＿＿＿＿＿
　　　　5) ＿＿＿＿＿＿＿＿＿＿＿＿＿＿＿＿＿＿＿＿＿＿＿＿

CD55　2.　1)（　　）2)（　　）3)（　　）4)（　　）5)（　　）

3.

例： 食べて	食べます	5) 借りて	
1) 休んで		6) 迎えて	
2) 食事して		7) 待って	
3) 来て		8) 話して	
4) 書いて		9) 止めて	

4.　例：あした　休みたいです。→　あした　休んでも　いいですか。

　　1) たばこを　吸いたいです。→

　　2) 美術館で　写真を　撮りたいです。→

　　3) この　カタログが　欲しいです。→

5.　例：もう　帰っても　いいですか。

　　　　……すみません、ちょっと　（　待って　）　ください。

食べます　　　　使います　　　　待ちます　　　　します

　　1) あの　部屋を　使っても　いいですか。

　　　　……すみません、今　会議を　（　　　　　　）　いますから。

　　2) ここで　食事しても　いいですか。

　　　　……すみません、外で　（　　　　　　）　ください。

　　3) このパンチ、借りても　いいですか。

　　　　……すみません、今　（　　　　　　）　いますから。

6. 例：エレベーターで 遊んで います。
　　　→ エレベーターで 遊んでは いけません。
　1）図書館で 食べ物を 食べて います。 →
　2）試験です。 隣の 人と 話して います。→
　3）公園で 野球を して います。 →

7. 例：ミラーさんは IMCで （ 働いて ） います。

| 持ちます | 作ります | ~~働きます~~ | 結婚します | 住みます |

　1）ミラーさんは 大阪に （　　　　　） います。
　2）IMCは コンピューターソフトを （　　　　　） います。
　3）ミラーさんは （　　　　　） いません。 独身です。
　4）ミラーさんは パソコンを （　　　　　） います。

8.
―――――――――――― わたしは だれですか ―――

　　わたしは とても 寒い 所に 住んで います。 わたしは 赤い
服が 好きです。 赤い 服は 暖かいです。 わたしは 1年に
1日だけ 働きます。 12月 24 日です。 24 日の 夜
すてきな プレゼントを 子どもに あげます。
　　わたしは 独身です。 子どもが いませんが、子どもが 好きです。
子どもは みんな わたしを 知って います。 そして、12月
　　24 日の 夜 わたしの プレゼントを 待って います。
わたしの 仕事は とても 楽しいです。

例：この 人の うちは どんな 所に ありますか。
　　……寒い 所に あります。
　1）この 人は 結婚して いますか。……
　2）この 人は いつ 仕事を しますか。……
　3）この 人は 12月 24 日の 夜に 何を しますか。……
　4）この 人の 名前を 知って いますか。……

133

文型
<ruby>文<rt>ぶん</rt></ruby><ruby>型<rt>けい</rt></ruby>

1. <ruby>朝<rt>あさ</rt></ruby> ジョギングを して、シャワーを <ruby>浴<rt>あ</rt></ruby>びて、<ruby>会社<rt>かいしゃ</rt></ruby>へ <ruby>行<rt>い</rt></ruby>きます。
2. コンサートが <ruby>終<rt>お</rt></ruby>わってから、レストランで <ruby>食事<rt>しょくじ</rt></ruby>しました。
3. <ruby>大阪<rt>おおさか</rt></ruby>は <ruby>食<rt>た</rt></ruby>べ<ruby>物<rt>もの</rt></ruby>が おいしいです。
4. この <ruby>部屋<rt>へや</rt></ruby>は <ruby>広<rt>ひろ</rt></ruby>くて、<ruby>明<rt>あか</rt></ruby>るいです。

16

例文
<ruby>例<rt>れい</rt></ruby><ruby>文<rt>ぶん</rt></ruby>

1. きのう <ruby>何<rt>なに</rt></ruby>を しましたか。
   ……<ruby>図書館<rt>としょかん</rt></ruby>へ <ruby>行<rt>い</rt></ruby>って、<ruby>本<rt>ほん</rt></ruby>を <ruby>借<rt>か</rt></ruby>りて、それから <ruby>友達<rt>ともだち</rt></ruby>に <ruby>会<rt>あ</rt></ruby>いました。

2. <ruby>大学<rt>だいがく</rt></ruby>まで どうやって <ruby>行<rt>い</rt></ruby>きますか。
   …… <ruby>京都駅<rt>きょうとえき</rt></ruby>から 16<ruby>番<rt>ばん</rt></ruby>の バスに <ruby>乗<rt>の</rt></ruby>って、<ruby>大学前<rt>だいがくまえ</rt></ruby>で <ruby>降<rt>お</rt></ruby>ります。

3. <ruby>今<rt>いま</rt></ruby>から <ruby>大阪城<rt>おおさかじょう</rt></ruby>を <ruby>見学<rt>けんがく</rt></ruby>しますか。
   ……いいえ。 <ruby>昼<rt>ひる</rt></ruby>ごはんを <ruby>食<rt>た</rt></ruby>べてから、<ruby>見学<rt>けんがく</rt></ruby>します。

4. マリアさんは どの <ruby>人<rt>ひと</rt></ruby>ですか。
   ……あの <ruby>髪<rt>かみ</rt></ruby>が <ruby>長<rt>なが</rt></ruby>い <ruby>人<rt>ひと</rt></ruby>です。

5. <ruby>太郎<rt>たろう</rt></ruby>ちゃんの <ruby>自転車<rt>じてんしゃ</rt></ruby>は どれですか。
   ……あの <ruby>青<rt>あお</rt></ruby>くて、<ruby>新<rt>あたら</rt></ruby>しい <ruby>自転車<rt>じてんしゃ</rt></ruby>です。

6. <ruby>奈良<rt>なら</rt></ruby>は どんな <ruby>町<rt>まち</rt></ruby>ですか。
   ……<ruby>静<rt>しず</rt></ruby>かで、きれいな <ruby>町<rt>まち</rt></ruby>です。

7. あの <ruby>人<rt>ひと</rt></ruby>は だれですか。
   ……カリナさんです。 インドネシア<ruby>人<rt>じん</rt></ruby>で、<ruby>富士大学<rt>ふじだいがく</rt></ruby>の <ruby>留学生<rt>りゅうがくせい</rt></ruby>です。

使い方を 教えて ください

マリア： すみませんが、ちょっと 使い方を 教えて ください。

銀行員： お引き出しですか。

マリア： そうです。

銀行員： じゃ、まず ここを 押して ください。

マリア： はい。

銀行員： 次に キャッシュカードを ここに 入れて、暗証番号を
押して ください。

マリア： はい。
押しました。

銀行員： じゃ、金額を 押して ください。

マリア： 5万円ですが、5……。

銀行員： この 「万」「円」を 押します。
それから この 「確認」ボタンを 押して ください。

マリア： はい。 どうも ありがとう ございました。

16

135

練習A

1. あした　神戸へ　いって、　映画を　みて、　買い物します。
   きのうの　晩　本を　よんで、　CDを　きいて、　寝ました。
   日曜日　10時ごろ　おきて、　さんぽして、　食事します。

2. うちへ　かえって　から、　晩ごはんを　食べます。
   電話を　かけて　　　　友達の　うちへ　行きます。
   仕事が　おわって　　　泳ぎに　行きました。

3. カリナさんは　　せ　が　　たかい　です。
   　　　　　　　　め　　　　おおきい
   　　　　　　　　かみ　　　みじかい

4. ミラーさんは　　　　わかくて、　元気です。
   　　　　　頭が　　よくて、　おもしろいです。
   　　　　　　　　ハンサムで、　親切です。
   　　　　　　　　28さいで、　独身です。

16

136

練習B

1. 例: 日曜日 梅田へ 行きます・友達に 会います
   → 日曜日 梅田へ 行って、友達に 会います。
   1) 昼 1時間 休みます・午後 5時まで 働きます →
   2) 京都駅から JRに 乗ります・大阪で 地下鉄に 乗り換えます →
   3) 市役所と 銀行へ 行きました・うちへ 帰りました →
   4) サンドイッチを 買いました・公園で 食べました →

2. 例: → 6時に 起きて、散歩して、それから 朝ごはんを 食べました。
   1) →　　　　2) →　　　　3) →

3. 例: 電話を かけます・友達の うちへ 行きます
   → 電話を かけてから、友達の うちへ 行きます。
   1) お金を 下ろします・買い物に 行きます →
   2) きのう 仕事が 終わりました・飲みに 行きました →
   3) 日本へ 来ました・日本語の 勉強を 始めました →
   4) お金を 入れます・ボタンを 押して ください →

4. 例: もう レポートを 出しましたか。(もう 一度 読みます)
   → いいえ、まだです。 もう 一度 読んでから、出します。
   1) もう 昼ごはんを 食べましたか。(この 仕事が 終わります) →
   2) もう IMCに 電話しましたか。(メールを 送ります) →
   3) もう 会議の 資料を コピーしましたか。(松本さんに 見せます) →
   4) もう パワー電気へ 行きましたか。(午後の 会議が 終わります) →

5. 例：雪・多い → 北海道は 雪が 多いです。
   1) 人・少ない →
   2) 冬・長い →
   3) 食べ物・おいしい →
   4) 雪祭り・有名 →

6. 例1： この カメラ・大きい・重い → この カメラは 大きくて、重いです。
   例2： ワットさん・親切・すてき → ワットさんは 親切で、すてきです。
   1) わたしの 部屋・狭い・暗い →
   2) 沖縄の 海・青い・きれい →
   3) 東京・にぎやか・おもしろい →
   4) ワットさん・45歳・独身 →

7. 例1： 奈良は どんな 町ですか。(緑が 多い・静か)
       → 緑が 多くて、静かな 町です。
   例2： きのうの パーティーは どうでしたか。(にぎやか・楽しい)
       → にぎやかで、楽しかったです。
   1) ミラーさんは どんな 人ですか。(頭が いい・おもしろい) →
   2) サントスさんは どんな 人ですか。(元気・親切) →
   3) 寮の 部屋は どうですか。(広い・明るい) →
   4) ホテルは どうでしたか。(静か・サービスが いい) →

8. 例1： マリアさんは どの 人ですか。(髪が 長い・きれい)
       → あの 髪が 長くて、きれいな 人です。
   例2： マリアさんの かばんは どれですか。(白い・大きい)
       → あの 白くて、大きい かばんです。
   1) ミラーさんは どの 人ですか。
      (若い・背が 高い) →
   2) ワットさんは どの 人ですか。
      (ダンスが 上手・すてき) →
   3) ミラーさんの かばんは どれですか。
      (黒い・古い) →
   4) カリナさんの かばんは どれですか。
      (赤い・小さい) →

16

138

練習C

1. A: きのうは どこか 行きましたか。
   B: ええ、京都へ 行きました。
   A: そうですか。 京都で 何を しましたか。
   B: 友達に 会って、食事して、
      それから お寺を 見ました。

2. A: 日本語が 上手ですね。
      どのくらい 勉強しましたか。
   B: 1年ぐらいです。
      日本へ 来てから、始めました。
   A: そうですか。 すごいですね。
   B: いいえ、まだまだです。

3. A: インドネシアの バンドンから 来ました。
   B: バンドン? どんな 所ですか。
   A: そうですね。 緑が 多くて、きれいな 所です。
   B: そうですか。

16

1. 1) _____

2) _____

3) _____

4) _____

5) _____

16

2. 1)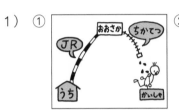

2)

3. 1)（　　）　2)（　　）　3)（　　）

4. 例：窓を（ 閉めて ）、電気を 消して、寝ました。

> 閉めます　下ろします　乗ります　浴びます　行きます　乗り換えます

1) デパートへ（　　　　　　）、買い物して、それから 映画を 見ます。
2) 銀行で お金を（　　　　　　）から、買い物に 行きます。
3) 甲子園から 電車に（　　　　　）、梅田で 地下鉄に
 （　　　　　）、日本橋で 降ります。
4) シャワーを（　　　　　）から、プールに 入って ください。

5. 例：奈良は　緑が　（　多くて　）、きれいな　町です。

いいです　多いです　軽いです　にぎやかです　学生です

1）カリナさんは　富士大学の　（　　　　　）、美術を　勉強して
　　います。
2）佐藤さんは　頭が　（　　　　　）、すてきな　人です。
3）新しい　パソコンは　（　　　　　）、便利です。
4）東京は　（　　　　　）、おもしろい　町です。

16

6. 例：ミラーさんは　背（　が　）高いです。
1）国へ　帰ってから、大学（　　　）入って、経済の　研究を　します。
2）大阪駅から　JR（　　　）乗って、京都駅（　　　）降ります。
3）京都で　古い　お寺（　　　）見学しました。
4）日本は　山（　　　）多いです。
5）北海道は　きれいで、食べ物（　　　）おいしいです。
6）ここ（　　　）お金（　　　）入れて　ください。
7）ジョギングを　して、シャワー（　　　）浴びて、学校へ　行きます。
8）大学（　　　）出てから、父の　会社（　　　）働きました。

141

7.
大阪、神戸、京都、奈良

　　大阪は　大きくて、にぎやかな　町です。　おもしろい　人が
多くて、食べ物が　おいしいです。
　　神戸と　京都と　奈良は　大阪から　近いです。　4つの　町の
中で　奈良が　いちばん　古いです。　奈良と
京都は　古い　お寺や　神社が
多いですから、外国人も　遊びに　来ます。
　　神戸は　すてきな　町です。　前に　海が
あって、うしろに　山が　あります。
　　若い　人は　神戸が　好きです。

例：おもしろい　人が　たくさん　います。（　大阪　）
1）近くに　山と　海が　あります。（　　　）
2）古い　お寺や　神社が　たくさん　あります。（　　　）（　　　）
3）いちばん　古い　町です。（　　　）
4）食べ物が　おいしくて、にぎやかです。（　　　）

復習D

1. 例: ミラーさんは　木村さん（に）　電話（を）　かけて　います。

　　1) わたしは　パソコン（　）持って　いますが、新しい　パソコン（　）
　　　　欲しいです。　パワー電気の　パソコン（　）買いたいです。

　　2) きょうは　雨（　）降って　いますが、日本橋（　）パソコンを
　　　　買い（　）行きます。それから　レストラン（　）食事します。

　　3) わたしは　去年　インドネシアの　大学（　）出て、日本（　）
　　　　美術（　）勉強（　）来ました。

　　4) 今　奈良（　）住んで　います。　奈良は　お寺（　）多くて、
　　　　きれいです。　毎朝　公園を　散歩してから、大学へ　行きます。
　　　　大学で　日本の　絵（　）かき方（　）習って　います。

　　5) 大学まで　どうやって　行きますか。　……公園前（　）7番の
　　　　バス（　）乗って、大学前（　）降ります。

　　6) きのう　勉強（　）終わってから、何を　しましたか。
　　　　……喫茶店（　）入って、友達（　）話しました。

2.

例:買います	例:買って	呼びます			浴びて
行きます			飲んで	借ります	
	急いで	帰ります		します	
貸します		入れます			散歩して
	待って		いて	来ます	

3. 例: ちょっと　休みませんか。
　　　　……（ⓐ. ええ、休みましょう　　b. ええ、休みません ）。

　　1) ここに　（ a. 座りましょうか　　b. 座っても　いいですか ）。
　　　　……ええ、どうぞ。

　　2) 暑いですね。　エアコンを　つけましょうか。
　　　　……（ a. ええ、つけます　　b. ええ、つけて　ください ）。

　　3) 会議を　始めましょう。あ、佐藤さんは?
　　　　……佐藤さんは　今　コピーを　（ a. します　　b. して　います ）。

　　4) 会議が　終わりましたね。　食事に　行きませんか。
　　　　……すみません。　（ a. メールを　送ってから
　　　　　　b. メールを　送って ）、行きます。

　　5) いい　レストランを　（ a. 知って　いますか　　b. 知りますか ）。
　　　　……いいえ、（ a. 知って　いません　　b. 知りません ）。

D

4. 例： 今 行きますから、ちょっと （ 待って ） ください。

1) この 辞書を （　　　） も いいですか。

……すみません。 今 （　　　） います。

2) この 紙に 名前を （　　　） ください。

……ボールペンが ありません。 すみませんが、（　　　） ください。

はい、どうぞ。

3) いい 天気ですね。 どこか （　　　） に （　　　） ませんか。

……いいですね。 そう しましょう。

遊びます	行きます	書きます	貸します
借ります	します	使います	待ちます

4) ちょっと 寒いですね。 窓を （　　　） ましょうか。

……お願いします。

5) ワンさんは （　　　） いますか。

……いいえ、独身です。 今 一人で 神戸に （　　　） います。

お仕事は？

……医者です。 神戸病院で （　　　） います。

6) もう 昼ごはんを （　　　） か。

……いいえ、まだです。 東京に メールを （　　　） から、

外へ （　　　） に 行きます。

開けます	送ります	結婚します	閉めます
食事します	住みます	食べます	働きます

7) インドネシアの バンドンから 来ました。

……バンドン？ どんな 所ですか。

バンドンは 緑が （　　　）、（　　　） 町です。

8) 絵の 先生は どんな 人ですか。

……歌が （　　　）、いつも （　　　） 人です。

多い	辛い	きれい	元気	上手

9) 旅行は どうでしたか。

……天気が （　　　）、とても （　　　）。

10) ホテルは どうでしたか。

……部屋が （　　　）、あまり （　　　）。

いい	狭い	楽しい	簡単	静か

D

143

文型
ぶんけい

1. 写真を 撮らないで ください。

2. パスポートを 見せなければ なりません。
   （見せないと いけません）

3. 日曜日は 早く 起きなくても いいです。

例文
れいぶん

1. そこに 車を 止めないで ください。
   ……すみません。

2. もう 12時ですよ。 一人で 大丈夫ですか。
   ……ええ、心配しないで ください。 タクシーで 帰りますから。

3. 今晩 飲みに 行きませんか。
   ……すみません。 あしたから ホンコンへ 出張しなければ
   なりません。 ですから、早く 帰ります。

4. 子どもも お金を 払わなければ なりませんか。
   ……いいえ、払わなくても いいです。

5. レポートは いつまでに 出さなければ なりませんか。
   ……金曜日までに 出して ください。

どう しましたか

医者： どう しましたか。

松本： きのうから のどが 痛くて、熱も 少し あります。

医者： そうですか。 ちょっと 口を 開けて ください。

- - - - - - - - - - - - - - - - - - - -

医者： かぜですね。 2、3日 ゆっくり 休んで ください。

松本： あのう、あしたから 東京へ 出張しなければ なりません。

医者： じゃ、きょうは 薬を 飲んで、早く 寝て ください。

松本： はい。

医者： それから 今晩は おふろに 入らないで くださいね。

松本： はい、わかりました。

医者： じゃ、お大事に。

松本： どうも ありがとう ございました。

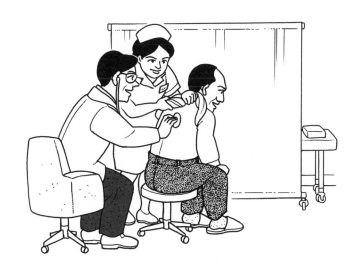

練習A

1.

I	ます形			ない形		
	す	い	ます	す	わ	ない
	い	き	ます	い	か	ない
	いそ	ぎ	ます	いそ	が	ない
	はな	し	ます	はな	さ	ない
	ま	ち	ます	ま	た	ない
	よ	び	ます	よ	ば	ない
	の	み	ます	の	ま	ない
	かえ	り	ます	かえ	ら	ない

II	ます形		ない形	
	たべ	ます	たべ	ない
	いれ	ます	いれ	ない
	い	ます	い	ない
	おき	ます	おき	ない
	あび	ます	あび	ない
	み	ます	み	ない
	かり	ます	かり	ない
	おり	ます	おり	ない

III	ます形			ない形		
		き	ます		こ	ない
		し	ます		し	ない
	しんぱい	し	ます	しんぱい	し	ない

146

2.

たばこを	すわ	ないで ください。
ここに	はいら	
傘を	わすれ	
	しんぱいし	

3.

本を	かえさ	なければ なりません。
薬を	のま	
	ざんぎょうし	

4.

名前を	かか	なくても いいです。
靴を	ぬが	
あした	こ	

5.

レポート	は	あした 書きます。
資料		メールで 送って ください。
コピー		松本さんに 見せなければ なりません。

練習 B

1. 例： ここに → ここに 自転車を 置かないで ください。
   1) ここに →　　　　　　　　　2) ここに →
   3) ここで →　　　　　　　　　4) ここで →

2. 例： 禁煙です・たばこを 吸いません
   → 禁煙ですから、たばこを 吸わないで ください。
   1) 危ないです・押しません →
   2) 大切な 資料です・なくしません →
   3) 図書館の 本です・何も 書きません →
   4) 大丈夫です・心配しません →

3. 例： 早く うちへ 帰ります → 早く うちへ 帰らなければ なりません。
   1) あした 病院へ 行きます →
   2) パスポートを 見せます →
   3) 毎朝 5時に 起きます →
   4) 土曜日までに 本を 返します →

4. 例： 何時までに 寮へ 帰りますか（12時）
   → 何時までに 寮へ 帰らなければ なりませんか。
   ……12時までに 帰らなければ なりません。
   1) 何曜日までに その 本を 返しますか（水曜日）→
   2) 何枚 レポートを 書きますか（15枚）→
   3) 1日に 何回 薬を 飲みますか（3回）→
   4) 毎日 いくつ 漢字を 覚えますか（6つ）→

5. 例： タクシーを　呼びません　→　タクシーを　呼ばなくても　いいです。
   1）　急ぎません　→
   2）　きょうは　食事を　作りません　→
   3）　あしたは　病院へ　来ません　→
   4）　傘を　持って　行きません　→

6. 例1： 用事が　あります・出かけます
       →　用事が　ありますから、出かけなければ　なりません。
   例2： 悪い　病気じゃ　ありません・心配しません
       →　悪い　病気じゃ　ありませんから、心配しなくても　いいです。
   1）　熱が　あります・病院へ　行きます　→
   2）　あしたは　休みです・早く　起きません　→
   3）　会社の　人は　英語が　わかりません・日本語で　話します　→
   4）　あまり　暑くないです・エアコンを　つけません　→

7. 例1： ここで　靴を　脱がなければ　なりませんか。（はい）
       →　はい、脱がなければ　なりません。
   例2： レポートを　出さなければ　なりませんか。（いいえ）
       →　いいえ、出さなくても　いいです。
   1）　パスポートを　持って　行かなければ　なりませんか。（はい）　→
   2）　名前を　書かなければ　なりませんか。（いいえ）　→
   3）　今　お金を　払わなければ　なりませんか。（はい）→
   4）　あしたも　来なければ　なりませんか。（いいえ）　→

8. 例： ここに　荷物を　置いても　いいですか。（あそこ）
       →　荷物は　あそこに　置いて　ください。
   1）　ボールペンで　答えを　書いても　いいですか。（鉛筆）　→
   2）　ここで　たばこを　吸っても　いいですか。（外）　→
   3）　ここで　お金を　払わなければ　なりませんか。（受付）　→
   4）　あしたも　保険証を　持って　来なければ　なりませんか。（来月）　→

17

148

練習C

1. A: はい、終わりましたよ。
   <u>2、3日</u> おふろに 入らないで くださいね。
   B: はい、わかりました。 ありがとう ございました。

2. A: 昼ごはんを 食べに 行きませんか。
   B: すみません。
   これから <u>病院へ 行か</u>なければ
   なりません。
   A: そうですか。 じゃ、また。

149

3. A: 名前を 書いて ください。
   <u>住所</u>は 書かなくても いいです。
   B: はい。

1. 1) _____
　　 2) _____
　　 3) _____
　　 4) _____
　　 5) _____

2. 1) (　　) 2) (　　) 3) (　　) 4) (　　) 5) (　　)

17

3.

例:	読みます	読まない	8)	忘れます	
1)	行きます		9)	覚えます	
2)	脱ぎます		10)	(6時に) 起きます	
3)	返します		11)	借ります	
4)	持ちます		12)	見ます	
5)	呼びます		13)	します	
6)	入ります		14)	心配します	
7)	払います		15)	(日本へ) 来ます	

150

4. 例: ここは 禁煙ですから、たばこを (吸わないで) ください。

開けます　行きます　心配します　吸います　なくします　入ります

1) 危ないですから、そちらへ (　　　　　　　) ください。
2) この 資料は 大切ですから、(　　　　　　　) ください。
3) 寒いですから、窓を (　　　　　　　) ください。
4) 熱が ありますから、おふろに (　　　　　　　) ください。
5) 寮の 生活は 楽しいですから、(　　　　　　　) ください。

5. 例1: 会社を 休みますから、電話を (かけます→ かけなければ
　　　 なりません)。
　　 例2: 土曜日は 休みですから、会社へ (行きます→ 行かなくても
　　　 いいです)。
　　 1) 肉や 魚は 冷蔵庫に (入れます →　　　　　　　　　)。
　　 2) あしたは 病院へ (来ます →　　　　　　　　　)。
　　　 あさって 来て ください。
　　 3) 日本の うちで 靴を (脱ぎます →　　　　　　　　　)。
　　 4) 本を (返します →　　　　　　　　) から、これから
　　　 図書館へ 行きます。
　　 5) レポートは きょう (出します →　　　　　　　　)。
　　　 来週の 月曜日までに 出して ください。

6.
┌─────────────────── 日本語の 試験 ───────────────
│
│　12月　9日 (月曜日) 午前9:00〜12:00
│
│　① 8時40分までに 教室に 入って ください。
│　② 机の 番号を 見て、あなたの 番号の 所に 座って
│　　 ください。
│　③ 鉛筆と 消しゴムだけ 机の 上に 置いて ください。
│　④ 「問題」は 全部で 9枚 あります。 いちばん 上の 紙に
│　　 あなたの 番号と 名前を 書いて ください。
│　⑤ 答えは 鉛筆で 書いて ください。 ボールペンは 使わないで
│　　 ください。
└──────────────────────────────────────

　　 1) (　　　) 8時40分までに 教室へ 来なければ なりません。
　　 2) (　　　) 机の 番号を 確認してから、座ります。
　　 3) (　　　) 机の 上に かばんを 置いても いいです。
　　 4) (　　　)「問題」の 紙に あなたの 番号は 書かなくても いいです。
　　 5) (　　　) 答えは 鉛筆で 書かなければ なりません。

文型

1. ミラーさんは 漢字を 読む ことが できます。
2. わたしの 趣味は 映画を 見る ことです。
3. 寝る まえに、日記を 書きます。

18

例文

1. 車の 運転が できますか。
   ……はい、できます。

2. マリアさんは 自転車に 乗る ことが できますか。
   ……いいえ、できません。

3. 大阪城は 何時まで 見学が できますか。
   ……5時までです。

4. カードで 払う ことが できますか。
   ……すみませんが、現金で お願いします。

5. 趣味は 何ですか。
   ……古い 時計を 集める ことです。

6. 日本の 子どもは 学校に 入る まえに、ひらがなを
   覚えなければ なりませんか。
   ……いいえ、覚えなくても いいです。

7. 食事の まえに、この 薬を 飲んで ください。
   ……はい、わかりました。

8. いつ 結婚しましたか。
   ……3年まえに、結婚しました。

CD63 会話

趣味は 何ですか

山田　　　：　サントスさんの　趣味は　何ですか。

サントス：　写真です。

山田　　　：　どんな　写真を　撮りますか。

サントス：　動物の　写真です。　特に　馬が　好きです。

山田　　　：　へえ、それは　おもしろいですね。
　　　　　　　日本へ　来てから、馬の　写真を　撮りましたか。

サントス：　いいえ。
　　　　　　　日本では　なかなか　馬を　見る　ことが　できません。

山田　　　：　北海道に　馬が　たくさん　いますよ。

サントス：　ほんとうですか。
　　　　　　　じゃ、夏休みに　ぜひ　行きたいです。

18

153

練習A

1.

I	ます形		辞書形	
	かい	ます	か	う
	かき	ます	か	く
	およぎ	ます	およ	ぐ
	はなし	ます	はな	す
	たち	ます	た	つ
	よび	ます	よ	ぶ
	よみ	ます	よ	む
	はいり	ます	はい	る

II	ます形		辞書形	
	ね	ます	ね	る
	たべ	ます	たべ	る
	おき	ます	おき	る
	み	ます	み	る
	かり	ます	かり	る

III	ます形		辞書形	
	き	ます		くる
	し	ます		する
	うんてん し	ます	うんてん	する

2. ミラーさんは

	にほんご	が できます。
	くるまの うんてん	
漢字を	よむ	こと
ピアノを	ひく	こと

3. ここで

	コピー	が できます。
	ホテルの よやく	
切符を	かう	こと
お金を	かえる	こと

4. わたしの 趣味は

	スポーツ	です。
	りょこう	
動物の 写真を	とる	こと
馬に	のる	こと

5.

	ねる	まえに、	本を 読みます。
日本へ	くる		日本語を 勉強しました。
	しょくじの		手を 洗います。
	クリスマスの		プレゼントを 買います。
	5ねん		日本へ 来ました。

練習 B

1. 例: テニス → ミラーさんは テニスが できます。
   1) 運転 →　　　　　　2) 料理 →
   3) サッカー →　　　　　　4) ダンス →

2. 例1: → ひらがなを 書く ことが できますか。
   　　　　……はい、できます。
   例2: → 漢字を 読む ことが できますか。
   　　　　……いいえ、できません。

   1) →　　　　2) →　　　　3) →　　　　4) →

3. 例: どんな 外国語を 話しますか（英語）
   　　　→ どんな 外国語を 話す ことが できますか。
   　　　　　……英語を 話す ことが できます。
   1) 何メートルぐらい 泳ぎますか（100メートルぐらい）→
   2) どんな 料理を 作りますか（てんぷら）→
   3) 漢字を いくつ 書きますか（50ぐらい）→
   4) 日本の 歌で 何を 歌いますか（「故郷」）→

4. 例1: この 公園で サッカー（はい）
   　　　→ この 公園で サッカーが できますか。
   　　　　　……はい、できます。
   例2: カードで 払います（いいえ）
   　　　→ カードで 払う ことが できますか。
   　　　　　……いいえ、できません。
   1) 寮の 部屋で 料理（いいえ）→
   2) インターネットで ホテルの 予約（はい）→
   3) 図書館で 辞書を 借ります（いいえ）→
   4) ホテルから バスで 空港へ 行きます（はい）→

18

5. 例： どこで 安い カメラを 買いますか（秋葉原）
   → どこで 安い カメラを 買う ことが できますか。
   ……秋葉原で 買う ことが できます。

1) この 車に 何人 乗りますか（8人）　→
2) いつ 北海道で 桜を 見ますか（5月）　→
3) 何日 本を 借りますか（2週間）　→
4) 何時から 何時まで 会議室を 使いますか（9時・6時）　→

6. 例： → 趣味は 何ですか。
   ……絵を かく ことです。

   1）　→　　　　2）　→　　　　3）　→　　　　4）　→

7. 例： → 寝る まえに、お祈りを します。

   1）　→　　　　2）　→　　　　3）　→　　　　4）　→

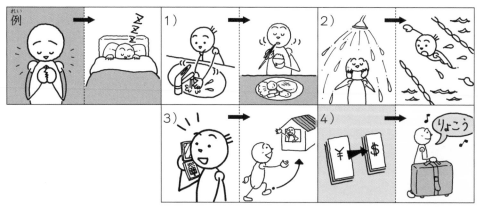

8. 例： この 薬を 飲みます（寝ます）　→　いつ この 薬を 飲みますか。
   ……寝る まえに、飲みます。

1) ジョギングを します（会社へ 行きます）　→
2) その カメラを 買いました（日本へ 来ます）　→
3) 資料を コピーします（会議）　→
4) 国へ 帰ります（クリスマス）　→
5) 日本へ 来ました（5年）　→
6) 荷物を 送りました（3日）　→

1. A: あのう、ここで たばこを 吸う
　　　ことが できますか。
　B: すみません。外で お願いします。
　A: わかりました。

1) 　　　　　　　　　　　　　2)

2. A: 趣味は 何ですか。
　B: 映画を 見る ことです。
　A: どんな 映画を 見ますか。
　B: フランス映画です。
　A: そうですか。

157

1) 　　　　　　　　　　　　　2)

3. A: この 資料、コピーしましょうか。
　B: あ、ちょっと 待って ください。
　　　コピーする まえに、
　　　部長に 見せて ください。
　A: はい。

1) 　　　　　　　　　　　　　2)

18

CD64　1.　1) ＿＿＿＿＿＿＿＿＿＿＿＿＿＿＿＿＿＿＿＿＿＿＿＿
　　　　2) ＿＿＿＿＿＿＿＿＿＿＿＿＿＿＿＿＿＿＿＿＿＿＿＿
　　　　3) ＿＿＿＿＿＿＿＿＿＿＿＿＿＿＿＿＿＿＿＿＿＿＿＿
　　　　4) ＿＿＿＿＿＿＿＿＿＿＿＿＿＿＿＿＿＿＿＿＿＿＿＿
　　　　5) ＿＿＿＿＿＿＿＿＿＿＿＿＿＿＿＿＿＿＿＿＿＿＿＿

CD65　2.　1)（　　）　2)（　　）　3)（　　）　4)（　　）　5)（　　）

3.

例: 泳ぎます	泳ぐ	8) 集めます	
1) 弾きます		9) 捨てます	
2) 話します		10) 見ます	
3) 持ちます		11) 浴びます	
4) 遊びます		12) します	
5) 飲みます		13) 運転します	
6) 入ります		14)（日本へ）来ます	
7) 歌います		15) 持って 来ます	

4.　例: わたしは ピアノを（ 弾く ）ことが できます。

かきます　換えます　乗ります　弾きます　予約します

1) わたしは 自転車に（　　　　　　）ことが できません。
2) 電話で 飛行機の チケットを（　　　　　　）ことが できます。
3) 趣味は 絵を（　　　　　　）ことです。
4) どこで お金を（　　　　　　）ことが できますか。

5.　例1: 友達の うちへ（ 行きます → 行く まえに ）、電話を
　　　　　かけます。
　　例2: 仕事が（ 終わります → 終わってから ）、飲みに 行きます。
　　1) 朝 うちで コーヒーを（ 飲みます →　　　　　　）、会社へ
　　　　行きます。
　　2) 料理を（ 始めます →　　　　　　）、手を 洗います。
　　3) 夜（ 寝ます →　　　　　　）、日記を 書きます。

4) 銀行で お金を （ 下ろします → 　　　　　　　　　 ）、買い物に
　 行きました。

6. 例： 100メートル （ × ） 泳ぐ こと （ が ） できます。
　 1) 車 （　　） 運転 （　　　） できます。
　 2) 漢字 （　　） 50ぐらい 書く こと （　　　） できます。
　 3) 会議 （　　　） まえに、資料を コピーしなければ なりません。
　 4) 2年 （　　　） まえに、大学を 出ました。

7.
　　　　　　　　　　　　　　　　　　　　　　── 子ども図書館 ──

　　　本の 借り方
　　　・受付で カードを 作って ください。
　　　・受付へ 本を 持って 来て、カードを 見せて ください。
　　　・本は 2週間 借りる ことが できます。
　　　・辞書と 新聞と 新しい 雑誌は 借りる ことが できません。

　　　コピーが できます （1枚 10円）
　　　・図書館の 本を コピーする ことが できます。
　　　・コピーは 受付で しますから、本を 受付へ 持って 来て
　　　　ください。

きょうは 4月2日です。 テレーザちゃんが 質問します。 教えて ください。
例： どうやって 本を 借りる ことが できますか。
　　　……まず カードを 作って ください。 それから 本と カードを
　　　　受付へ 持って 来て ください。
1) きょう 本を 借ります。 いつまでに 返さなければ なりませんか。
　 ……
2) 辞書を 借りる ことが できますか。……
3) 本を 自分で コピーしても いいですか。……
4) 4枚 コピーしました。 いくらですか。……

文型

1. 相撲を 見た ことが あります。
2. 休みの 日は テニスを したり、散歩に 行ったり します。
3. これから だんだん 暑く なります。

19

例文

1. 北海道へ 行った ことが ありますか。
   ……はい、一度 あります。 2年まえに、友達と 行きました。

2. 馬に 乗った ことが ありますか。
   ……いいえ、一度も ありません。 ぜひ 乗りたいです。

3. 冬休みは 何を しましたか。
   …… 京都の お寺や 神社を 見たり、友達と パーティーを
   したり しました。

4. 日本で 何を したいですか。
   ……旅行したり、お茶を 習ったり したいです。

5. 体の 調子は どうですか。
   ……おかげさまで よく なりました。

6. 日本語が 上手に なりましたね。
   ……ありがとう ございます。 でも、まだまだです。

7. テレーザちゃんは 何に なりたいですか。
   ……医者に なりたいです。

ダイエットは　あしたから　します

皆_{みな} : 乾杯_{かんぱい}。

....

松本良子_{まつもとよしこ} : マリアさん、あまり　食_たべませんね。

マリア : ええ。　きのうから　ダイエットを　して　います。

松本良子_{まつもとよしこ} : そうですか。　わたしも　ダイエットを　した　ことが

　　　　　 あります。

マリア : どんな　ダイエットですか。

松本良子_{まつもとよしこ} : 毎日_{まいにち}　りんごだけ　食_たべたり、水_{みず}を　たくさん　飲_のんだり

　　　　　 しました。

　　　　　 でも、無理_{むり}な　ダイエットは　体_{からだ}に　よくないですね。

マリア : そうですね。

松本良子_{まつもとよしこ} : マリアさん、この　アイスクリーム、おいしいですよ。

マリア : そうですか。

　　　　　 ……。　ダイエットは　また　あしたから　します。

19

161

練習A

1.

Ⅰ	ます形		た形	
	か	き ます	か	い た
	い	き ます	*い	っ た
	いそ	ぎ ます	いそ	い だ
	の	み ます	の	ん だ
	よ	び ます	よ	ん だ
	とま	り ます	とま	っ た
	か	い ます	か	っ た
	ま	ち ます	ま	っ た
	はな	し ます	はな	し た

Ⅱ	ます形	た形
	たべ ます	たべ た
	でかけ ます	でかけ た
	おき ます	おき た
	あび ます	あび た
	でき ます	でき た
	み ます	み た

Ⅲ	ます形	た形
	き ます	き た
	し ます	し た
	せんたく し ます	せんたく し た

2. わたしは　沖縄へ　　いった　ことが　あります。
　　　　　　 富士山に　のぼった
　　　　　　 すしを　　たべた

3. 毎晩　テレビを　　　　　みたり、本を　　　　よんだり　します。
　　　　手紙を　　　　　　かいた　音楽を　　きいた
　　　　日本語を　べんきょうした　パソコンで　あそんだ

4. テレーザちゃんは　せが　たか　く　なりました。
　　　　　　　　　　　げんき　に
　　　　　　　　　　　10さい　に

練習 B

1. 例：→ 広島へ　行った　ことが　あります。
   1）→ 　　　　2）→ 　　　　3）→ 　　　　4）→

2. 例：カラオケに　行きます（いいえ）
   → カラオケに　行った　ことが　ありますか。
   ……いいえ、ありません。
   1）お茶を　習います（はい）　→
   2）東京スカイツリーに　上ります（いいえ）　→
   3）日本人の　うちに　泊まります（はい）　→
   4）インドネシア料理を　食べます（いいえ、一度も）　→

3. 例：日曜日　→　日曜日は　掃除したり、洗濯したり　します。
   1）夜　→ 　　　　　　　　　2）休みの　日　→
   3）きのう　→ 　　　　　　　4）去年の　夏休み→

19

163

4. 例：土曜日は　何を　しますか。（散歩します・絵を　かきます）
　　　→　散歩したり、絵を　かいたり　します。

　1）休みの　日は　何を　しますか。
　　（ゴルフの　練習を　します・うちで　本を　読みます）　→

　2）京都で　何を　しましたか。
　　（お寺を　見ます・日本料理を　食べます）　→

　3）冬休みは　何を　したいですか。
　　（スキーに　行きます・友達と　パーティーを　します）　→

　4）出張の　まえに、何を　しなければ　なりませんか。
　　（資料を　作ります・ホテルを　予約します）　→

5. 例1：　→　寒く　なりました。
　　例2：　→　元気に　なりました。

　1）→　　　　　　2）→　　　　　　3）→

　4）→　　　　　　5）→　　　　　　6）→

例1　　　例2　　　1）暗い　　　2）強い

3）眠い　　　4）きれい　　　5）上手　　　6）

練習 C

1. A： 富士山に　登った　ことが　ありますか。
    B： ええ、先月　登りました。
    A： どうでしたか。
    B： 楽しかったです。でも、大変でした。
    A： そうですか。

2. A： もうすぐ　夏休みですね。
    B： ええ。
    A： 夏休みは　何を　しますか。
    B： そうですね。馬に　乗ったり、
       釣りを　したり　したいです。
    A： いいですね。

3. A： 涼しく　なりましたね。
    B： ええ。もう　秋ですね。
    A： ことしは　ぜひ
       紅葉を　見に　行きたいですね。
    B： そうですね。

19

165

19

CD67　1.　1) _____

　　　　2) _____

　　　　3) _____

　　　　4) _____

CD68　2.　1)（　　）2)（　　）3)（　　）4)（　　）5)（　　）

3.

例：	書きます	書いた	8)	乗ります	
1)	行きます		9)	消します	
2)	働きます		10)	食べます	
3)	泳ぎます		11)	寝ます	
4)	飲みます		12)	見ます	
5)	遊びます		13)	降ります	
6)	持ちます		14)	散歩します	
7)	買います		15)	来ます	

4.　例：　日本は　初めてですか。

　　　　……いいえ、3年まえに、一度　（　来た　）　ことが　あります。

掃除します　　　来ます　　　聞きます　　　買い物に　行きます
かきます　　　見ます　　　行きます

1)　ミラーさん、行き方が　わかりますか。

　　　……ええ、一度　（　　　　　　　）　ことが　ありますから、大丈夫です。

2)　太郎ちゃんは　うちの　仕事を　手伝いますか。

　　　……ええ、（　　　　　　　）り、（　　　　　　　）り　しますよ。

3)　趣味は　何ですか。

　　　……絵を　（　　　　　　　）り、音楽を　（　　　　　　　）り　する

　　　　ことです。

4)　歌舞伎は　おもしろいですか。

　　　……わかりません。歌舞伎は　（　　　　　　　）　ことが　ありませんから。

5. 例:（ 暑く ）　なりましたね。　エアコンを　つけましょうか。

きれい	暗い	暑い	雨	眠い

1)　掃除しましたから、部屋が　（　　　　　）　なりました。
2)　日本は　冬　5時ごろ　（　　　　　）　なります。
3)　もう　12時です。　（　　　　　）　なりました。
4)　朝は　いい　天気でしたが、午後から　（　　　　　）　なりました。

6. 例:ミラーさんは　日本語（　が　）　上手に　なりました。
1)　沖縄へ　行った　こと（　　　）　ありますか。
2)　ことし　18歳（　　　）　なります。
3)　ホテルは　高いですから、友達の　うち（　　　）　と　泊まります。
4)　たばこは　体（　　　）　よくないです。

7.
────── 富士山 ──────

　　富士山を　見た　ことが　ありますか。　富士山は　3,776メートルで、
日本で　いちばん　高い　山です。　静岡県と　山梨県の　間に
あります。　冬は　雪が　降りますから、白く　なります。　夏も　山の
上に　雪が　あります。　7月と　8月だけ　富士山に　登る　ことが
できます。　夏は　山の　上に　郵便局が　ありますから、手紙を
出したり、電話を　かけたり　する　ことが　できます。
　　夏と　秋、いい　天気の　朝　富士山は　赤く　なります。　とても
きれいですから、日本人は　写真を　撮ったり、絵を　かいたり　します。
葛飾北斎の　赤い　富士山の　絵は　有名です。

○ですか、×ですか。

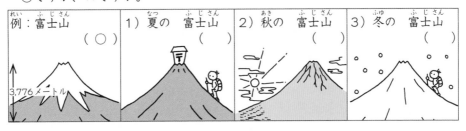

例:富士山 （ ○ ） 3,776メートル	1) 夏の 富士山 （　）	2) 秋の 富士山 （　）	3) 冬の 富士山 （　）

8.　あなたの　国の　有名な　所は　どこですか。　どんな　所ですか。
　書いて　ください。

167

復習 E

1. 例: 病院 (へ) 行きました。

　1）A: 2、3日 おふろ (　　　) 入らないで くださいね。

　　　B: はい。 あのう、シャワーを 浴びても いいですか。

　　　A: シャワー (　　　) 浴びても いいですよ。

　2）A: 薬は これと これです。

　　　B: はい。

　　　A: この 白い 薬 (　　　) 1日に 3回
　　　　　食事 (　　　) まえに、飲んで ください。

　3）A: あのう、カード (　　　) 払う こと (　　　) できますか。

　　　B: はい、できますよ。

　4）A: 富士山 (　　　) 登りたいです。

　　　B: 7月と 8月に 登る こと (　　　) できますよ。

　　　A: 登った こと (　　　) ありますか。

　　　B: ええ。 5年まえ (　　　)、登りました。

　　　A: どこ (　　　) 泊まりましたか。

　　　B: 友達の うちです。

　5）A: 来週 富士山へ 行きます。

　　　B: そうですか。 大学は もう 夏休み (　　　) なりましたか。

　　　A: いいえ、来週からです。

168

2.

例:書かない	書きます	書く	書いて	書いた
行かない				
	急ぎます			
		飲む		
			遊んで	
				取った
	買います			
立たない				
			話して	
	覚えます			
		見る		
	勉強します			
				来た

3. 例： ピアノを （ 弾いて ） います。
   1） 趣味は 絵を （　　　　） ことです。
   2） 休みの 日は 美術館で 絵を （　　　　）り、美術の 本を
      （　　　　）り します。
   3） やまと美術館へ 3回 （　　　　） ことが あります。
   4） 絵が （　　　　） なりたいです。

   | 行きます　　　かきます　　　弾きます　　見ます　　　読みます |
   | きれいです　　上手です |

5） ここは やまと美術館です。 美術館へ （　　　　） まえに、駅で
   チケットを 買いました。 あそこで チケットを （　　　　）なければ
   なりません。
6） 美術館の 中で 写真を （　　　　）ないで ください。
7） 靴は （　　　　） なくても いいです。
8） 中の レストランで （　　　　）ことが できます。
9） もう 5時です。 （　　　　） なりました。 帰りましょう。

   | 来ます　　　食事します　　撮ります　　脱ぎます　　見せます |
   | 古いです　　暗いです |

4. 例： 今 医者と { a. 話します。　　 ⓑ. 話して います。}
   1） A： あの 病院へ { a. 行った ことが ありますか。
                          b. 行く ことが できますか。 }
      B： ええ。 親切で、いい 病院ですよ。
   2） A： あのう、お酒を 飲んでも いいですか。
      B： お酒は { a. 飲まなくても いいです。
                    b. 飲まないで ください。 }
   3） A： あしたも 来なければ なりませんか。
      B： { a. いいえ、あしたは 来なくても いいです。
            b. いいえ、あしたは 来る ことが できません。 }
         来週の 月曜日に 来て ください。
      A： あのう、月曜日から 水曜日まで 出張に
         { a. 行くことが できます。　 b. 行かなければ なりません。}
      B： じゃ、木曜日に { a. 来る ことが できますか。
                            b. 来ても いいですか。 }
      A： はい。

文型
<small>ぶん けい</small>

1. サントスさんは パーティーに 来<small>こ</small>なかった。
2. 東京<small>とうきょう</small>は 人<small>ひと</small>が 多<small>おお</small>い。
3. 沖縄<small>おきなわ</small>の 海<small>うみ</small>は きれいだった。
4. きょうは 僕<small>ぼく</small>の 誕生日<small>たんじょうび</small>だ。

例文
<small>れい ぶん</small>

1. アイスクリーム [を] 食<small>た</small>べる?
   ……うん、食<small>た</small>べる。

2. そこに はさみ [が] ある?
   ……ううん、ない。

3. きのう 木村<small>きむら</small>さんに 会<small>あ</small>った?
   ……ううん、会<small>あ</small>わなかった。

4. その カレー [は] おいしい?
   ……うん、辛<small>から</small>いけど、おいしい。

5. あした みんなで 京都<small>きょうと</small> [へ] 行<small>い</small>かない?
   ……うん、いいね。

6. 何<small>なに</small> [を] 食<small>た</small>べたい?
   ……今<small>いま</small> おなか [が] いっぱいだから、何<small>なに</small>も 食<small>た</small>べたくない。

7. 今<small>いま</small> 暇<small>ひま</small>?
   ……うん、暇<small>ひま</small>。 何<small>なに</small>?
   ちょっと 手伝<small>てつだ</small>って。

8. 辞書<small>じしょ</small> [を] 持<small>も</small>って [い] る?
   ……ううん、持<small>も</small>って [い] ない。

🔊 会話

いっしょに 行かない？

小林　　　：夏休みは　国へ　帰る？

タワポン：ううん。　帰りたいけど、……。

小林　　　：そう。
　　　　　　タワポン君、富士山に　登った　こと　ある？

タワポン：ううん、ない。

小林　　　：じゃ、よかったら、いっしょに　行かない？

タワポン：うん。　いつごろ？

小林　　　：8月の　初めごろは　どう？

タワポン：いいよ。

小林　　　：じゃ、いろいろ　調べて、また　電話するよ。

タワポン：ありがとう。　待ってるよ。

1.

ていねいけい 丁寧形	ふつうけい 普通形
かきます	かく
かきません	かかない
かきました	かいた
かきませんでした	かかなかった
あります	ある
ありません	＊ない
ありました	あった
ありませんでした	＊なかった
おおきいです	おおきい
おおきくないです	おおきくない
おおきかったです	おおきかった
おおきくなかったです	おおきくなかった
きれいです	きれいだ
きれいじゃ（では）ありません	きれいじゃ（では）ない
きれいでした	きれいだった
きれいじゃ（では）ありませんでした	きれいじゃ（では）なかった
あめです	あめだ
あめじゃ（では）ありません	あめじゃ（では）ない
あめでした	あめだった
あめじゃ（では）ありませんでした	あめじゃ（では）なかった

2. わたしは

らいしゅう とうきょう 来週　東京へ	いく。
まいにち 毎日	いそがしい。
あした	ひまだ。
IMCの	しゃいんだ。
ふじさん 富士山に	のぼりたい。
おおさか 大阪に	すんで いる。
しやくしょ 市役所へ	いかなければ ならない。
きょう	ざんぎょうしなくても いい。
ご ドイツ語を	はなす ことが できる。
ドイツへ	いった ことが ある。

練習B

1. 例： 毎日 彼に 電話します。 → 毎日 彼に 電話する。
   1) あした また 来ます。 →
   2) きょうは 何も 買いません。 →
   3) 少し 疲れました。 →
   4) きのう 日記を 書きませんでした。 →

2. 例： 着物は 高いです。 → 着物は 高い。
   1) 日本語の 勉強は おもしろいです。 →
   2) この 辞書は よくないです。 →
   3) けさは 頭が 痛かったです。 →
   4) きのうの パーティーは 楽しくなかったです。 →

20

3. 例： コンビニは 便利です。 → コンビニは 便利だ。
   1) カリナさんは 絵が 上手です。 →
   2) きょうは 休みじゃ ありません。 →
   3) きのうは 雨でした。 →
   4) 先週の 土曜日は 暇じゃ ありませんでした。 →

173

4. 例： そちらへ 行っては いけません。 → そっちへ 行っては いけない。
   1) もう 一度 歌舞伎を 見たいです。 →
   2) 電話番号を 調べなければ なりません。 →
   3) きのうは 映画を 見たり、音楽を 聞いたり しました。 →
   4) この 電話を 使っても いいです。 →
   5) ワンさんは 神戸病院で 働いて います。 →
   6) 漢字を 読む ことが できません。 →
   7) あしたまでに レポートを 出さなくても いいです。 →
   8) 富士山を 見た ことが ありません。 →

5. 例： あした うちに いますか。（うん） → あした うちに いる？

　　　　　　　　　　　　　　　　　　　　……うん、いる。

　　1) ビザが 要りますか。（ううん） →

　　2) けさ 新聞を 読みましたか。（うん） →

　　3) 日曜日 どこか 行きましたか。（ううん、どこも） →

　　4) いつ 木村さんに 会いますか。（今月の 終わりごろ） →

6. 例： ビールと ワインと どちらが いいですか。（ワイン）

　　　　→ ビールと ワインと どっちが いい？

　　　　　　……ワインの ほうが いい。

　　1) 東京は 大阪より 人が 多いですか。（うん、ずっと） →

　　2) あの 店は サービスが いいですか。（ううん、あまり） →

　　3) 映画は おもしろかったですか。（ううん、全然） →

　　4) 旅行で どこが いちばん 楽しかったですか。（イタリア） →

7. 例： 元気ですか。（うん） → 元気？

　　　　　　　　　　　　　　……うん、元気。

　　1) 今 何時ですか。（5時40分） →

　　2) きょう デパートは 休みですか。（ううん） →

　　3) 犬と 猫と どちらが 好きですか。（猫） →

　　4) 富士山は どうでしたか。（きれい） →

8. 例： 辞書を 持って いますか。（ううん） → 辞書を 持って いる？

　　　　　　　　　　　　　　　　……ううん、持って いない。

　　1) 今 雨が 降って いますか。（うん） →

　　2) 佐藤さんの 住所を 知って いますか。（ううん） →

　　3) 九州へ 行った ことが ありますか。（ううん） →

　　4) 自転車を 修理する ことが できますか。（うん） →

　　5) あしたも 来なければ なりませんか。（ううん） →

　　6) 何を 食べに 行きましたか。（タイ料理） →

　　7) どこに 住んで いますか。（京都） →

　　8) いつまでに 本を 返さなければ なりませんか。

　　　（来週の 木曜日） →

練習C

1. A: きのう　初めて　すき焼き [を] 食べたよ。
   B: へえ、どこで？
   A: 田中さんの　うちで。
   B: どうだった？
   A: 甘かったけど、おいしかった。

2. A: コーヒー [が] 好き？
   B: うん。
   A: ブラジルの　コーヒー [が] あるけど、飲まない？
   B: いいね。

3. A: 田中君の　住所 [を] 知って [い] る？
   B: うん。
   A: じゃ、ちょっと　教えて。
   B: いいよ。

20

176

CD70 1.
1) _____
2) _____
3) _____
4) _____
5) _____

CD71 2. 1) ( )　2) ( )　3) ( )　4) ( )　5) ( )

3.

例： 行きます	行く	行かない	行った	行かなかった
泳ぎます			泳いだ	
貸します	貸す			
待ちます		待たない		
遊びます				遊ばなかった
飲みます		飲まない		
あります	ある			
買います				買わなかった
寝ます			寝た	
借ります	借りる			
します			した	
来ます		来ない		
寒いです	寒い			
いいです			よかった	
暇です				暇じゃ なかった
いい 天気です			いい 天気だった	

4.
例： 図書館で 本を 借ります。　　　　　（　　　借りる　　　）
1) きのう 家族に 電話を かけましたか。　（　　　　　　）
2) わたしは 大阪に 住んで います。　　（　　　　　　）
3) もう 帰っても いいですか。　　　　（　　　　　　）
4) 東京へ 遊びに 行きます。　　　　　（　　　　　　）
5) ビザを もらわなければ なりません。（　　　　　　）
6) ここで たばこを 吸っては いけません。（　　　　　　）
7) 漢字を 読む ことが できません。　（　　　　　　）

8) 刺身を 食べた ことが ありません。　　　（　　　　　　　　）

9) 時間と お金が 欲しいです。　　　　　　（　　　　　　　　）

10) ここは きれいな 海でした。　　　　　　（　　　　　　　　）

5. 例：あれは 何？　　　　　　　　　　　　（　　何ですか　　）

1) あの 人は 結婚して いる？　　　　　　（　　　　　　　　）

　　……うん、独身だ。　　　　　　　　　　（　　　　　　　　）

2) きのう パーティーに 行った？　　　　　（　　　　　　　　）

　　……うん、行かなかった。　　　　　　　（　　　　　　　　）

　　頭が 痛かったから。　　　　　　　　　　（　　　　　　　　）

3) ミラーさん、いつも 元気ね。　　　　　　（　　　　　　　　）

　　……うん、若いから。　　　　　　　　　（　　　　　　　　）

6.

```
                                                            日記
    1月1日  金曜日  曇り
    田中君、高橋君と いっしょに 京都の 神社へ 行った。
  古くて、大きい 神社だった。 人が 多くて、にぎやかだった。
  着物の 女の 人が たくさん いた。 とても きれいだった。
  田中君と 高橋君は 神社の 前の 箱に お金を 入れた。
  それから みんなで 写真を 撮ったり、お土産を 買ったり した。
  天気は あまり よくなかったが、暖かかった。 うちへ 帰ってから、
  アメリカの 家族に 電話を かけた。 みんな 元気だった。
```

ミラーさんは 木村さんに メールを 送りました。

木村さん

　毎日 寒いですね。 お正月は どうでしたか。

わたしは 1月1日に 友達と 例)(京都の 神社へ 行きました)。

天気は あまり よくなかったですが、1)(　　　　　　　　)。 神社は

人が 多くて、2)(　　　　　　　)。 着物の 女の 人を たくさん

見ました。 とても 3)(　　　　　　　)。 神社で 写真を

4)(　　　　　　　)から、送ります。

　　ミラー

7. きのうの 日記を 書いて ください。

文型
ぶん けい

1. わたしは あした 雨が 降ると 思います。
2. わたしは 父に 留学したいと 言いました。
3. 疲れたでしょう?

例文
れい ぶん

1. ミラーさんは どこですか。
   ……たぶん もう 帰ったと 思います。

2. ミラーさんは この ニュースを 知って いますか。
   ……いいえ、知らないと 思います。

3. 仕事と 家族と どちらが 大切ですか。
   ……どちらも 大切だと 思います。

4. 日本に ついて どう 思いますか。
   ……物価が 高いと 思います。

5. 食事の まえに、お祈りを しますか。
   ……いいえ、しませんが、「いただきます」と 言います。

6. かぐや姫は 「月へ 帰らなければ なりません」と 言いました。
   そして、月へ 帰りました。 終わり。
   ……終わり? お母さん、わたしも 月へ 行きたい。

7. 会議で 何か 意見を 言いましたか。
   ……はい。 むだな コピーが 多いと 言いました。

8. 7月に 京都で お祭りが あるでしょう?
   ……ええ、あります。

わたしも そう 思います

松本 : あ、サントスさん、久しぶりですね。

サントス : あ、松本さん、お元気ですか。

松本 : ええ。 ちょっと ビールでも 飲みませんか。

サントス : いいですね。

....

サントス : 今晩 10時から 日本と ブラジルの サッカーの 試合が
ありますね。

松本 : ああ、そうですね。
サントスさんは どちらが 勝つと 思いますか。

サントス : もちろん ブラジルですよ。

松本 : そうですね。 でも、最近 日本も 強く なりましたよ。

サントス : ええ、わたしも そう 思いますが、……。
あ、もう 帰らないと……。

松本 : ええ、帰りましょう。

21

179

練習A

1. わたしは

あした 雨が	ふる
佐藤さんは ゴルフを	しない
山田さんは もう	かえった
あした	さむい
あしたも	いい てんきだ

と 思います。

2. わたしは

馬は	やくに たつ
子どもは 外で	あそばなければ ならない
マンガは	おもしろい
ケータイは	べんりだ
彼の 話は	ほんとうだ

と 思います。

3. わたしは 課長に

会社を	やめる
車を	もって いない
もう 資料を	つくった
休みが	ほしい
釣りが	すきだ

と 言いました。

4.

あした パーティーに	くる
お寺で コンサートが	あった
大阪は 食べ物が	おいしい
あしたは	やすみ

でしょう?

練習 B

1.　例：　ミラーさんは　会議室に　います
　　　　　　→　ミラーさんは　会議室に　いると　思います。
　　1）　ミラーさんは　9時に　来ます　→
　　2）　マリアさんは　運転しません　→
　　3）　日曜日は　人が　多いです　→
　　4）　「つるや」は　あした　休みです　→

2.　例：　部長は　事務所に　いますか。（いいえ）
　　　　　　→　いいえ、いないと　思います。
　　1）　部長は　もう　帰りましたか。（はい）　→
　　2）　あの　コンビニで　薬を　売って　いますか。（いいえ、たぶん）　→
　　3）　あしたは　「ヨーネン」と　「アキックス」と　どちらが
　　　　　勝ちますか。（きっと　「ヨーネン」）　→
　　4）　かぎは　どこですか。（あの　箱の　中）　→

3.　例：　漢字の　勉強は　おもしろいです
　　　　　　→　漢字の　勉強は　おもしろいと　思います。
　　1）　山田さんは　ほんとうに　よく　働きます　→
　　2）　パワー電気の　製品は　デザインが　いいです　→
　　3）　ミラーさんは　時間の　使い方が　上手です　→
　　4）　神戸病院は　いい　病院です　→

4.　例：　新しい　ソフトは　便利ですか。（はい）
　　　　　　→　はい、便利だと　思います。
　　1）　相撲は　おもしろいですか。（いいえ、あまり）　→
　　2）　ワットさんは　いい　先生ですか。（はい、とても）　→
　　3）　犬と　猫と　どちらが　役に　立ちますか。（犬）　→
　　4）　日本で　どこが　いちばん　きれいですか。（奈良）　→

5.　例：　日本の　自動車　（とても　いいです）
　　　　　→　日本の　自動車に　ついて　どう　思いますか。
　　　　　……とても　いいと　思います。

　　1）　日本の　アニメ　（おもしろいです）　→
　　2）　日本の　大学　（休みが　多いです）　→
　　3）　着物　（とても　きれいです）　→
　　4）　日本　（交通が　便利です）　→

6.　例：　→　キング牧師は　夢が　あると　言いました。
　　　1）　→　　　　　2）　→　　　　　3）　→　　　　　4）　→

7.　例：　あしたは　休みです　→　あしたは　休みでしょう？
　　1）　沖縄は　海が　きれいです　→
　　2）　ワットさんの　話は　おもしろいです　→
　　3）　木村さんは　イーさんを　知りません　→
　　4）　きのう　サッカーの　試合が　ありました　→

8.　例1：　日本は　食べ物が　高いでしょう？　（ええ）　→　ええ、高いです。
　　例2：　その　カメラは　高かったでしょう？　（いいえ、そんなに）
　　　　　　→　いいえ、そんなに　高くなかったです。

　　1）　ここは　冬　雪が　すごいでしょう？　（ええ、ほんとうに）　→
　　2）　仕事は　大変でしょう？　（いいえ、そんなに）　→
　　3）　北海道は　寒かったでしょう？　（いいえ、あまり）　→
　　4）　のどが　かわいたでしょう？　（ええ）　→

練習C

1. A: インターネットに ついて どう 思いますか。
   B: そうですね。便利ですが、
      使い方に 気を つけなければ ならないと
      思います。
   A: ワットさんは どう 思いますか。
   C: わたしも そう 思います。

2. A: 今 放送が ありましたね。
      何と 言いましたか。
   B: きょうは 9時半から 中に 入る
      ことが できると 言いました。
   A: そうですか。 ありがとう ございます。

21

183

3. A: 日曜日 大阪へ 天神祭を
      見に 行きました。
   B: にぎやかだったでしょう？
   A: ええ、ほんとうに にぎやかでした。

CD73　1.　1) _____

2) _____

3) _____

4) _____

5) _____

CD74　2.　1)（　　）　2)（　　）　3)（　　）　4)（　　）　5)（　　）

21

3.　例：彼女は　来ますか。

……いいえ、きょうは　（　来ない　）と　思います。

おいしいです　　帰ります　　来ます　　上手です　　役に　立ちます

1)　あの　レストランの　料理は　どうですか。

……あまり　（　　　　　）と　思います。

2)　鈴木さんは　英語が　できますか。

……ええ、（　　　　　）と　思います。　アメリカに　3年　いましたから。

3)　その　辞書は　いいですか。

……ええ、とても　（　　　　　）と　思います。

4)　田中さんは　いますか。

……かばんが　ありませんから、もう　うちへ　（　　　　　）と　思います。

4.　例：A：あしたは　暇ですか。

B：あしたは　会社へ　行かなければ　なりません。

→　Bさんは　あしたは　会社へ　行かなければ　ならないと　言いました。

1)　A：桜の　季節ですね。　どこか　お花見に　行きますか。

B：ええ、日曜日　家族と　吉野山へ　行きます。

→　Bさんは _____と　言いました。

2)　A：この　本、おもしろいですよ。

B：そうですか。　じゃ、貸して　ください。

→　Aさんは　この　本は _____と　言いました。

3)　A：パーティーは　にぎやかでしたか。

B：ええ、とても　にぎやかでした。

→　Bさんは　パーティーは _____と　言いました。

184

4）A: すみません。 日曜日の 試合を 見に 行く ことが できません。
　　B: そうですか。 残念です。
　　→ Aさんは 日曜日 ＿＿＿＿＿＿＿＿＿＿＿＿＿＿ と 言いました。

5. 例: おなかが （ すいた ）でしょう？ 何か 食べませんか。

あります　　暑いです　　~~すきました~~　　試験です　　疲れました

1) 来月 京都で 有名な お祭りが （　　　　　）でしょう？
2) （　　　　　）でしょう？ 少し 休みましょう。
3) （　　　　　）でしょう？ エアコンを つけましょうか。
4) あしたは （　　　　）でしょう？ 早く 帰りましょう。

21

6.

ーーーーー カンガルー ーーーーー

　　　この 動物の 名前を 知って いますか。『カンガルー』です。
　　カンガルーの 名前に ついて おもしろい 話が あります。
　　1770年に イギリスの キャプテン・クックは 船で オーストラリアへ
行きました。 そして、初めて この 動物を 見ました。 クックは
オーストラリアの 人に この 動物の 名前を 知りたいと
言いました。 オーストラリアの 人は オーストラリアの ことばで
「カンガルー（わからない）」と 言いました。
ですから、クックは この 動物の 名前は
『カンガルー』だと 思いました。 それから この
動物の 名前は 『カンガルー』に なりました。
　　おもしろいですね。 ほんとうだと 思いますか。

185

1) （　）キャプテン・クックは オーストラリアへ 行く まえに、
　　　　カンガルーを 見た ことが ありませんでした。
2) （　）オーストラリアの 人は クックに 動物の 名前を
　　　　教えました。
3) （　）クックは オーストラリアの 人の ことばが
　　　　わかりませんでした。

7. 名前に ついて おもしろい 話が ありますか。 話して ください。

文型

1. これは ミラーさんが 作った ケーキです。
2. あそこに いる 人は ミラーさんです。
3. きのう 習った ことばを 忘れました。
4. 買い物に 行く 時間が ありません。

例文

1. これは 万里の 長城で 撮った 写真です。
   ……そうですか。 すごいですね。

2. カリナさんが かいた 絵は どれですか。
   ……あれです。 あの 海の 絵です。

3. あの 着物を 着て いる 人は だれですか。
   ……木村さんです。

4. 山田さん、奥さんに 初めて 会った 所は どこですか。
   ……大阪城です。

5. 木村さんと 行った コンサートは どうでしたか。
   ……とても よかったです。

6. どう しましたか。
   ……きのう 買った 傘を なくしました。

7. どんな うちが 欲しいですか。
   ……広い 庭が ある うちが 欲しいです。

8. 日曜日 サッカーを 見に 行きませんか。
   ……すみません。 日曜日は ちょっと 友達に 会う 約束が
   あります。

どんな 部屋を お探しですか

不動産屋： どんな 部屋を お探しですか。

ワン ： そうですね。
家賃は 8万円ぐらいで、駅から 遠くない 所が
いいです。

不動産屋： では、こちらは いかがですか。
駅から 10分で、家賃は 83,000円です。

ワン ： ダイニングキッチンと 和室ですね。
すみません。 ここは 何ですか。

不動産屋： 押し入れです。 布団を 入れる 所ですよ。

ワン ： そうですか。
この 部屋、きょう 見る ことが できますか。

不動産屋： ええ。 今から 行きましょうか。

ワン ： ええ、お願いします。

練習A

1.

子どもが	よむ	本
	よまない	
きのう	よんだ	
	よまなかった	
朝ごはんを	たべる	人
	たべない	
	たべた	
	たべなかった	
今	すんで いる	所
だれも	すんで いない	
父が	すんで いた	
だれも	すんで いなかった	

2.

これ	は	女の 人が 読む 雑誌	です。
ミラーさん		傘を 持って いる 人	
ここ		自転車を 置く 所	

3.

母が よく 作る 料理	は	カレーです。
彼が 持って いる パソコン		新しいです。
来週 泊まる ホテル		海の 近くに あります。

4.

わたしは	パソコンを 入れる かばん	を	買いました。
	あの 眼鏡を かけて いる 人		知って います。

5.

わたしは	本を 読む 人	が	好きです。
	プールが ある うち		欲しいです。

6.

わたしは	テレビを みる 時間	が	ありません。
	買い物に いく 約束		あります。

練習 B

1. 例: 〈パリで 買いました〉 帽子
   → これは パリで 買った 帽子です。

   1) 〈母に もらいました〉 コート →
   2) 〈京都で 撮りました〉 写真 →
   3) 〈マリアさんが 作りました〉 ケーキ →
   4) 〈カリナさんが かきました〉 絵 →

2. 例: ミラー → ミラーさんは どの 人ですか。
   ⇒   ……電話して いる 人です。

   1) 佐藤 →
   2) 松本 →
   3) グプタ →
   4) 山田 →

3. 例: 着物 (渡辺) → 着物を 着て いる 人は だれですか。
   ⇒   ……渡辺さんです。

   1) 赤い 靴 (林) →
   2) 赤い ネクタイ (鈴木) →
   3) 眼鏡 (高橋) →
   4) 帽子 (中村) →

4. 例：〈弟が 生まれました〉 所・北海道です
　　→ 弟が 生まれた 所は 北海道です。
　1)〈初めて 主人に 会いました〉 所・大学の 図書館です →
　2)〈先週 見学しました〉 お寺・金閣寺です →
　3)〈ワンさんが 働いて います〉 病院・神戸に あります →
　4)〈木村さんが 毎朝 お弁当を 買います〉 コンビニ・駅の 前に
　　あります →

5. 例：〈サントスさんに もらいました〉 コーヒーは とても おいしいです
　　→ サントスさんに もらった コーヒーは とても おいしいです。
　1)〈わたしが いつも 買い物します〉 スーパーは 野菜が 安いです →
　2)〈よく 寝ます〉 子どもは 元気です →
　3)〈きのう 見ました〉 映画は とても よかったです →
　4)〈きのう わたしたちが 行きました〉 お寺は きれいで、静かでした →

6. 例：〈彼に あげます〉 お土産を 買います
　　→ 彼に あげる お土産を 買います。
　1)〈奈良で 撮りました〉 写真を 見せて ください →
　2)〈要りません〉 物を 捨てます →
　3)〈病院で もらいました〉 薬を 飲まなければ なりません →
　4)〈イーさんの 隣に 座って います〉 人を 知って いますか →

7. 例：〈外で します〉 スポーツが 好きです
　　→ 外で する スポーツが 好きです。
　1)〈ユーモアが あります〉 人が 好きです →
　2)〈料理を 作ります〉 ロボットが 欲しいです →
　3)〈会社の 人が 話します〉 日本語が わかりません →
　4)〈パーティーで 着ます〉 服が 要ります →

8. 例：昼ごはんを 食べましたか。（食べます・時間が ありませんでした）
　　→ いいえ。食べる 時間が ありませんでした。
　1) あしたは 都合が いいですか。
　　（市役所へ 行きます・用事が あります）→
　2) カラオケに 行きますか。（部長と 食事します・約束が あります）→
　3) けさ ニュースを 見ましたか。
　　（テレビを 見ます・時間が ありませんでした）→
　4) よく 本を 買いますか。（本を 読みます・時間が ありません）→

練習C

1.　A：　あの　人は　だれですか。
　　　B：　どの　人ですか。
　　　A：　<u>赤い　セーターを　着て　いる</u>　人です。
　　　B：　ああ、<u>佐藤さん</u>です。　<u>IMCの</u>　人ですよ。

2.　A：　<u>田中さんに　もらった　カタログ</u>は
　　　　　どこに　ありますか。
　　　B：　えーと、<u>あの　机の　上に</u>
　　　　　ありますよ。
　　　A：　あ、そうですか。　どうも。

3.　A：　おめでとう　ございます。
　　　B：　ありがとう　ございます。
　　　A：　どんな　<u>仕事を</u>　したいですか。
　　　B：　そうですね。
　　　　　<u>日本語を　使う　仕事を</u>　したいです。

22

191

🔊 CD76 1.　1)　_____

　　　　　 2)　_____

　　　　　 3)　_____

　　　　　 4)　_____

　　　　　 5)　_____

🔊 CD77 2.　1)（　　）　2)（　　）　3)（　　）　4)（　　）　5)（　　）

22

3.　例：よく　寝る　人は　元気です。

よく　寝ます　　　図書館で　借りました　　　お酒を　飲みません
マリアさんから　来ました　　　庭が　あります

　　　 1)　わたしは　_____　うちが　欲しいです。

　　　 2)　わたしは　_____　人が　好きです。

　　　 3)　_____　本を　なくしました。

　　　 4)　_____　手紙は　机の　上に　あります。

4.　例：あの　黒い　シャツを　着て　いる　人は　（　だれ　）ですか。

　　　　　……ミラーさんです。

　　　 1)　ここに　あった　新聞は　（　　　　　）ですか。

　　　　　……テレビの　上に　あります。

　　　 2)　マリアさんが　作った　ケーキは　（　　　　　）でしたか。

　　　　　……とても　おいしかったです。

　　　 3)　金閣寺へ　行く　バスは　（　　　　　）ですか。

　　　　　……あれです。

5. 例： どこで 撮りましたか。 → これは どこで 撮った 写真ですか。

1) いつ 買いましたか。 →
2) だれが 作りましたか。 →
3) だれに もらいましたか。 →

6. 例： 銀行へ 行く 時間が ありません。

1) 日曜日は ＿＿＿＿＿＿＿ 約束が あります。
2) ＿＿＿＿＿＿＿ 用事が あります。
3) ＿＿＿＿＿＿＿ 時間が ありません。

193

7.

コンビニへ 何を しに 行きますか	
①お弁当を 買います	56.9%
②ジュースや お茶を 買います	50.2%
③お菓子を 買います	26.6%
④水や 電気の お金を 払います	23.9%
⑤ATMで お金を 下ろします	23.7%
⑥荷物を 送ります	13.7%
⑦トイレを 借ります	7.7%

いくら 使いますか	
①501円～ 1,000円	45.6%
②0円～ 500円	35.2%
③1,001円～ 2,000円	9.5%
2010年9月28日～ 10月4日	
みんなの アンケート	

コンビニへ （例： 行く） 人の 50%ぐらいは お弁当や お茶を 買います。
ATMで お金を （①　　　）り、トイレを （②　　　）り する
人も います。 荷物を （③　　　） ことも できます。 でも、
2,000円 （④　　　） 人は とても 少ないです。

8. あなたの 国に コンビニが ありますか。 何を する ことが できますか。

復習 F

1.

ミラー：ただいま。

管理人：お帰りなさい。

ミラー：きょうは　京都へ　桜を　見に　行きました。

管理人：そうですか。　どうでしたか。

ミラー：ほんとうに　きれいでした。　でも、すごい　人でしたよ。

管理人：日本人は　桜が　好きですからね。

ミラー：桜の　下で　みんなで　お弁当を　食べたり、歌ったり　しました。

管理人：よかったですね。

ミラー：ええ。　とても　楽しかったです。　来年も　また　行きたいです。

F

194

ミラーさんの　日記

4月1日☀

きょうは　とても　いい　（例：天気だった　）。　京都へ　桜を

見に　（　　　　　　）。　桜は　ほんとうに　（　　　　　）が、

すごい　（　　　　　　　　）。

みんなで　桜の　下で　お弁当を　食べたり、（　　　　　　）。

とても　（　　　　　　）。　来年も　また　（　　　　　　）。

2.　例：友子：けさ　新聞、読んだ？

一郎：うん、__読んだ__よ。（読みました）

1）太郎：お母さん、この　ケーキ、_____？（食べても　いいですか）

友子：手を　_____？（洗いましたか）

太郎：うん、_____。（洗いました）

きょう　学校で　新しい　漢字を　_____よ。（習いました）

友子：そう。　_____？（どうでしたか）

太郎：_____。（難しかったです）

2）友子：ちょっと　眼鏡、_____。（取って　ください）

一郎：_____？（どこですか）

友子：机の　上に　あると　_____けど……。（思います）

一郎：_____よ。（ありません）

3) 小林　　：タワポン君、日曜日 ＿＿＿＿＿＿＿＿＿＿＿？（暇ですか）

　　タワポン：うん、＿＿＿＿＿＿＿＿＿＿よ。（暇です）

　　小林　　：じゃ、うちへ ＿＿＿＿＿＿＿＿＿？（遊びに 来ませんか）

　　タワポン：ありがとう。

　　小林　　：じゃ、1時ごろ。＿＿＿＿＿＿＿＿＿＿＿よ。（待って います）

3.　1）　わたしは 去年 IMC を やめて、ロボットを　（例：作って いる）
　　　　会社に 入りました。 今 東京に 住んで いますが、
　　　　（　　　　　　）所は 大阪です。 趣味は 絵を （　　　　　）
　　　　ことです。 でも、最近は 美術館へ （　　　　　）時間が あまり
　　　　ありません。 家族は 3人です。 妻と 10歳の 子どもが います。

┌───┐
│ 作って います　見ます　要ります　行きます　生まれました │
└───┘

2）　わたしの 趣味は ダンスです。 ダンスの 練習が （　　　　　）
　　部屋が 欲しいです。 去年 夫は IMC を （　　　　　）と
　　言いました。 わたしは （　　　　　）と 言いました。 夫は
　　今 人の ことばが （　　　　　）ロボットを 作って います。
　　とても 夢が ある （　　　　　）と 思います。

┌───┐
│ わかります　　　できます　　　話します　　　やめても いいです │
│ 仕事です　　　　やめたいです │
└───┘

3）　これは 夏休みに （　　　　　）写真です。 この 眼鏡を
　　（　　　　　）人は 伊藤先生です。 伊藤先生の 隣に
　　（　　　　　）男の 子は 佐々木君です。
　　帽子を （　　　　　）女の 子は
　　吉田さんです。 わたしは 吉田さんの
　　うしろに います。
　　みんな いい 友達です。

┌───┐
│ 撮りました　　　　かけて います　　　　　かぶって います │
│ 立って います　　はいて います │
└───┘

F

195

文型
<ruby>文<rt>ぶん</rt></ruby><ruby>型<rt>けい</rt></ruby>

1. 図書館で 本を 借りる とき、カードが 要ります。
2. この ボタンを 押すと、お釣りが 出ます。

例文
<ruby>例<rt>れい</rt></ruby><ruby>文<rt>ぶん</rt></ruby>

1. よく テレビを 見ますか。
   ……そうですね。 野球の 試合が ある とき、見ます。

2. 冷蔵庫に 何も ない とき、どう しますか。
   ……近くの レストランへ 食べに 行きます。

3. 会議室を 出る とき、エアコンを 消しましたか。
   ……はい、消しました。

4. サントスさんは どこで 服や 靴を 買いますか。
   ……国へ 帰った とき、買います。 日本のは 小さいですから。

5. それは 何ですか。
   ……「元気茶」です。 体の 調子が 悪い とき、飲みます。

6. 暇な とき、うちへ 遊びに 来ませんか。
   ……ええ、ありがとう ございます。

7. 学生の とき、アルバイトを しましたか。
   ……ええ、時々 しました。

8. お湯が 出ません。
   ……そこを 押すと、出ますよ。

9. すみません。 市役所は どこですか。
   ……この 道を まっすぐ 行くと、左に あります。 古い 建物です。

23

196

どうやって 行^いきますか

図書館^{としょかん}の 人^{ひと}： はい、みどり図書館^{としょかん}です。

カリナ ： あのう、そちらまで どうやって 行^いきますか。

図書館^{としょかん}の 人^{ひと}： 本田駅^{ほんだえき}から 12番^{ばん}の バスに 乗^のって、図書館前^{としょかんまえ}で 降^おりて ください。 3つ目^{みっ め}です。

カリナ ： 3つ目^{みっ め}ですね。

図書館^{としょかん}の 人^{ひと}： ええ。 降^おりると、前^{まえ}に 公園^{こうえん}が あります。 図書館^{としょかん}は 公園^{こうえん}の 中^{なか}の 白^{しろ}い 建物^{たてもの}です。

カリナ ： わかりました。 それから 本^{ほん}を 借^かりる とき、何^{なに}か 要^いりますか。

図書館^{としょかん}の 人^{ひと}： お名前^{なまえ}と ご住所^{じゅうしょ}が わかる 物^{もの}を 持^もって 来^きて ください。

カリナ ： はい。 どうも ありがとう ございました。

練習A

1.
道を	わたる	とき、 車に 気を つけます。
新聞を	よむ	眼鏡を かけます。
使い方が	わからない	わたしに 聞いて ください。

2.
うちへ	かえる	とき、 ケーキを 買います。
うちへ	かえった	「ただいま」と 言います。
会社へ	くる	駅で 部長に 会いました。
会社へ	きた	受付で 社長に 会いました。

3.
ねむ	い	とき、 コーヒーを 飲みます。
ひま	な	本を 読みます。
26さい	の	結婚しました。

4.
これを	まわす	と、 音が 大きく なります。
ここを	おす	お湯が 出ます。
右へ	まがる	郵便局が あります。

練習B

1. 例: 新聞を 読みます・眼鏡を かけます
   → 新聞を 読む とき、眼鏡を かけます。
   1) 病院へ 行きます・保険証を 忘れないで ください →
   2) 出かけます・いつも 傘を 持って 行きます →
   3) 漢字が わかりません・この 辞書を 使います →
   4) 時間が ありません・朝ごはんを 食べません →

2. 例1:「行って きます」
   → 出かける とき、「行って きます」と 言います。
   例2:「ただいま」
   → うちへ 帰った とき、「ただいま」と 言います。
   1)「お休みなさい」→
   2)「おはよう ございます」→
   3)「ありがとう ございます」→
   4)「失礼します」→

3. 例: 寂しいです・家族に 電話を かけます
   → 寂しい とき、家族に 電話を かけます。
   1) 頭が 痛いです・この 薬を 飲みます →
   2) 暇です・ビデオを 見ます →
   3) 妻が 病気です・会社を 休みます →
   4) 晩ごはんです・ワインを 飲みます →

4. 例： 難しい 漢字を 覚えます（何回も 書きます）
　　　→ 難しい 漢字を 覚える とき、どう しますか。
　　　……何回も 書きます。

　　1） かぜです（薬を 飲んで、寝ます） →
　　2） 道が わかりません（ケータイで 調べます） →
　　3） 眠いです（顔を 洗います） →
　　4） あしたの 天気を 知りたいです（インターネットで 見ます） →

5. 例： この ボタンを 押します・切符が 出ます
　　　→ この ボタンを 押すと、切符が 出ます。

　　1） これを 引きます・いすが 動きます →
　　2） これに 触ります・水が 出ます →
　　3） これを 左へ 回します・音が 小さく なります →
　　4） これを 右へ 回します・電気が 明るく なります →

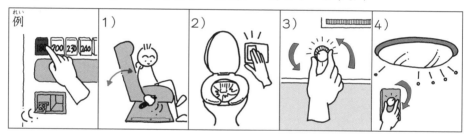

6. 例： 銀行 → 銀行は どこですか。
　　　……あの 交差点を 右へ 曲がると、左に あります。

　　1） 市役所 →　　　　　2） 美術館 →
　　3） 駐車場 →　　　　　4） コンビニ →

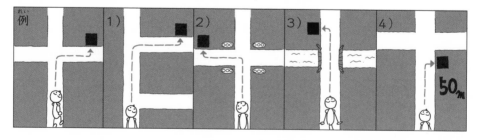

練習C

1. A: すみません。
   B: 何ですか。
   A: 友達が 会社に 入った とき、
      どんな 物を あげますか。
   B: そうですね。 ネクタイや かばんなどですね。
   A: そうですか。

2. A: すみません。
      紙の サイズを 変えたい とき、
      どう しますか。
   B: この ボタンを 押します。
   A: わかりました。 どうも。

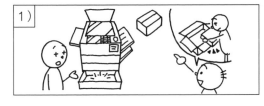 

3. A: ちょっと すみません。
      近くに 銀行が ありますか。
   B: 銀行ですか。 あそこに 信号が
      ありますね。
   A: ええ。
   B: あそこを 渡って、まっすぐ 行くと、
      右に ありますよ。
   A: どうも。

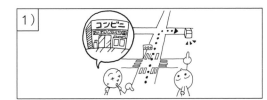 

問題

CD79 1. 1) _____
2) _____
3) _____
4) _____
5) _____

CD80 2.
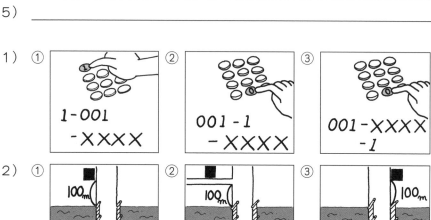

CD81 3.　1)（　）　2)（　）　3)（　）

4.　例1：買い物に（ 行く ）とき、カードを 持って 行きます。
　　例2：妻が（ いない ）とき、レストランで 一人で 食事します。

あります	います	借ります	行きます	渡ります	出ます

1) 図書館で 本を（　　　　）とき、カードが 要ります。
2) 道を（　　　）とき、左と 右を よく 見なければ なりません。
3) 時間が（　　　）とき、朝ごはんを 食べません。
4) お釣りが（　　　）とき、この ボタンを 押して ください。

5. 例: うちへ (帰る、⟨帰った⟩) とき、「ただいま」と 言います。
   1) (疲れる、疲れた) とき、熱い おふろに 入って、早く 寝ます。
   2) うちを (出る、出た) とき、電気を 消しませんでした。
   3) 朝 (起きる、起きた) とき、家族の 写真に 「おはよう」と
      言います。
   4) きのうの 夜 (寝る、寝た) とき、少し お酒を 飲みました。

6. 例: (眠いです → 眠い) とき、顔を 洗います。
   1) (暇です →   ) とき、遊びに 来て ください。
   2) (独身です →   ) とき、よく 旅行を しました。
   3) 母は (若いです →   ) とき、とても きれいでした。

7. 例: この お茶を (飲む) と、元気に なります。
   1) あの 交差点を 左へ (   ) と、銀行が あります。
   2) これを 右へ (   ) と、音が 大きく なります。
   3) この 料理は 少し お酒を (   ) と、おいしく なります。

8.
── 聖徳太子 ──

聖徳太子は 574年に 奈良で 生まれました。 子どもの とき、
勉強が 好きで、スポーツも できて、友達が たくさん いました。
20歳に なった とき、国の 仕事を 始めました。 日本人を
中国に 送って、中国から 漢字や 町の 造り方など いろいろ
習いました。 そして、お寺を 造ったり、本を 書いたり
しました。
聖徳太子が 造った 法隆寺は 奈良に あります。
世界の 木の 建物の 中で いちばん 古い 建物です。

203

1) (   ) 聖徳太子は 600年ぐらいまえに、生まれました。
2) (   ) 聖徳太子は 大きく なってから、中国へ 行って、いろいろ
         習いました。
3) (   ) 世界で いちばん 古い 木の 建物は 法隆寺です。

9. あなたの 国の 有名な 人に ついて 書いて ください。

文型

1. 佐藤さんは　わたしに　チョコレートを　くれました。
2. わたしは　山田さんに　レポートを　直して　もらいました。
3. 母は　わたしに　セーターを　送って　くれました。
4. わたしは　木村さんに　本を　貸して　あげました。

例文

24

1. 太郎君は　おばあちゃんが　好きですか。
   ……はい、好きです。　おばあちゃんは　いつも　お菓子を　くれます。

2. おいしい　ワインですね。
   ……ええ、佐藤さんが　くれました。　フランスの　ワインです。

3. ミラーさん、きのうの　パーティーの　料理は　全部　自分で
   作りましたか。
   ……いいえ、ワンさんに　手伝って　もらいました。

4. 電車で　行きましたか。
   ……いいえ。　山田さんが　車で　送って　くれました。

5. 太郎君は　母の　日に　お母さんに　何を　して　あげますか。
   ……ピアノを　弾いて　あげます。

手伝いに　行きましょうか

カリナ：　ワンさん、日曜日　引っ越しですね。
　　　　　手伝いに　行きましょうか。

ワン　：　ありがとう　ございます。
　　　　　じゃ、すみませんが、9時ごろ　お願いします。

カリナ：　ほかに　だれが　手伝いに　行きますか。

ワン　：　山田さんと　ミラーさんが　来て　くれます。

カリナ：　車 は？

ワン　：　山田さんに　貸して　もらいます。

カリナ：　昼ごはんは　どう　しますか。

ワン　：　えーと……。

カリナ：　わたしが　お弁当を　持って　行きましょうか。

ワン　：　すみません。　お願いします。

カリナ：　じゃ、日曜日に。

205

1. ミラーさんは わたしに ｜ ワイン ｜ を くれました。
｜ はな ｜
｜ カード ｜

2. これは ｜ ブラジルの コーヒー ｜ です。 ｜ サントスさん ｜ が くれました。
｜ インドネシアの ぼうし ｜ ｜ カリナさん ｜
｜ ちゅうごくの おちゃ ｜ ｜ ワンさん ｜

24

3. わたしは 山田さんに ｜ 旅行の 写真を ｜ ｜ みせて ｜ もらいました。
｜ 大阪城へ ｜ ｜ つれて いって ｜
｜ 引っ越しを ｜ ｜ てつだって ｜

4. 山田さんは ｜ 旅行の 写真を ｜ ｜ みせて ｜ くれました。
｜ 大阪城へ ｜ ｜ つれて いって ｜
｜ 引っ越しを ｜ ｜ てつだって ｜

5. わたしは ｜ カリナさんに CDを ｜ ｜ かして ｜ あげました。
｜ カリナさんを 駅まで ｜ ｜ おくって ｜
｜ カリナさんの 自転車を ｜ ｜ しゅうりして ｜

練習B

1. 例: サントスさんは　コーヒーを　くれました。
   1) マリアさん　→
   2) イーさん　→
   3) シュミットさん　→
   4) ミラーさん　→

2. 例: ブラジル
   → ブラジルの　コーヒーですね。
   ……ええ。　サントスさんが　くれました。
   1) すてき　→
   2) 新しい　→
   3) サッカー　→
   4) きれい　→

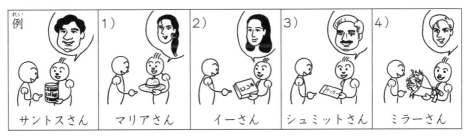

例	1)	2)	3)	4)
サントスさん	マリアさん	イーさん	シュミットさん	ミラーさん

3. 例: → わたしは　佐藤さんに　傘を　貸して　もらいました。
   1) → 　　　2) → 　　　3) → 　　　4) →

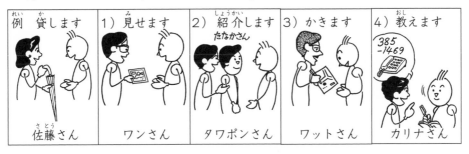

例 貸します	1) 見せます	2) 紹介します たなかさん	3) かきます	4) 教えます 385-1469
佐藤さん	ワンさん	タワポンさん	ワットさん	カリナさん

4. 例： → だれに　すき焼きを　作って　もらいましたか。
　　　　　 ……松本さんに　作って　もらいました。

　　　 1）→　　　　　2）→　　　　　　3）→　　　　　　4）→

例 作ります	1）教えます わたしは	2）貸します	3）手伝います	4）案内します 京都
松本さん	小林先生	佐藤さん	山田さん	木村さん

5. 例： 傘を　貸します → 佐藤さんは　傘を　貸して　くれました。

　　　 1）セーターを　送ります →　　　　2）大阪城へ　連れて　行きます →
　　　 3）駅まで　送ります →　　　　　　4）荷物を　持ちます →

例	1）	2）	3）	4）
佐藤さん	母	会社の　人	友達	サントスさん

6. 例： 傘を　貸します → だれが　傘を　貸して　くれましたか。
　　　　　 ……佐藤さんが　貸して　くれました。

　　　 1）お金を　払います →　　　　2）チケットを　予約します →
　　　 3）写真を　撮ります →　　　　4）引っ越しを　手伝います →

例	1）	2）	3）	4）
佐藤さん	山田さん	小林さん	ミラーさん	会社の　人

7. 例： おじいさん・道を　教えます
　　　　 → わたしは　おじいさんに　道を　教えて　あげました。

　　　 1）タワポンさん・友達を　紹介します →
　　　 2）太郎君・飛行機の　雑誌を　見せます →
　　　 3）おばあさん・病院へ　連れて　行きます →
　　　 4）テレーザちゃん・自転車を　修理します →

24

練習C

1. A： すてきな　かばんですね。

   B： ありがとう　ございます。
   　　 大学に　入った　とき、姉が　くれました。

   A： いいですね。

1)　　　2)

2. A： もう　パーティーの　準備を　しましたか。

   B： はい。
   A： 名前の　カードは？
   B： 佐藤さんに　書いて　もらいました。

1)　　　2)　

3. A： ホームステイは　どうでしたか。

   B： 楽しかったです。
   　　 お母さんは　おすしを　作って　くれました。

   A： おすしですか。
   B： お父さんは　町を　案内して　くれました。
   A： そうですか。　よかったですね。

1)　　　2)

24

209

🔊 1. 1) _____
CD83
    2) _____

    3) _____

    4) _____

    5) _____

🔊 2. 1)（　　）2)（　　）3)（　　）4)（　　）5)（　　）
CD84

3. 例：太郎ちゃんは テレーザちゃんに 花を （ あげました 、
　　　くれました ）。

　1) ワットさんは わたしに 英語の 辞書を （ あげました、くれました ）。

　2) わたしは カリナさんに 大学を 案内して （ くれました、
　　　もらいました ）。

　3) 休みの 日 夫は よく 料理を 作って （ あげます、くれます ）。

　4) 駅で 友達に 細かい お金を 貸して （ もらいました、
　　　くれました ）。

24

210

4. 例：ミラー： すみません。 塩を 取って ください。

　　　わたし： はい、どうぞ。

　　　★ わたしは ミラーさんに 塩を 取って あげました。　（ ○ ）

　1) グプタ： あ、細かい お金が ない。

　　　わたし： あ、ありますよ。 いくらですか。

　　　グプタ： すみません。 じゃ、100円 お願いします。

　　　★ わたしは グプタさんに お金を 貸して あげました。　（　　）

　2) 男の 人： 重いでしょう？ 持ちましょうか。

　　　わたし　： ありがとう ございます。

　　　★ 男の 人は わたしの 荷物を 持って くれました。　（　　）

　3) （エレベーターで）

　　　ミラー： すみません。 6階 お願いします。

　　　わたし： はい。

　　　★ わたしは ミラーさんに エレベーターの ボタンを 押して
　　　　もらいました。
　　　　　　　　　　　　　　　　　　　　　　　　　　　　（　　）

5. 例： わたしは ミラーさん （ に ） チョコレートを あげました。
   1） 父は 誕生日に 時計（　　　） くれました。
   2） おいしい ワインですね。
      ……ええ。 サントスさん （　　　） くれました。
   3） わたしは 山田さん （　　　） 駅まで 送って もらいました。
   4） わたしは 彼 （　　　） 旅行の 本を 送って あげました。

6.
   ─────────────────── 僕の おばあちゃん ───

   　僕の おばあちゃんは 72歳で、 元気です。 一人で 住んで
   います。
   　天気が いい とき、おばあちゃんは 病院へ 友達に 会いに
   行きます。 病院に 友達が たくさん いますから。 天気が 悪い
   とき、足の 調子が よくないですから、出かけません。
   　おばあちゃんが 僕の うちへ 来た とき、僕は 学校で
   習った 歌を 歌って あげます。 おばあちゃんは 僕に
   古い 日本の お話を して くれます。 そして、パンや
   お菓子を 作って くれます。
   　おばあちゃんが うちへ 来ると、うちの 中が とても
   にぎやかに なります。

   1） （　　） おばあちゃんは 僕の 家族と いっしょに 住んで います。
   2） （　　） おばあちゃんは 足の 調子が 悪い とき、病院へ
             行きます。
   3） （　　） おばあちゃんは パンや お菓子を 作ります。
   4） （　　） 僕は おばあちゃんが 好きです。

7. あなたの おじいさんや おばあさんを 紹介して ください。

24

211

文型

1. 雨が 降ったら、出かけません。
2. 雨が 降っても、出かけます。

例文

1. もし 1億円 あったら、何を したいですか。
……学校を 作りたいです。

2. 電車や バスが 動かなかったら、どう しますか。
……歩いて 帰ります。

3. あの 新しい 靴屋は いい 靴が たくさん ありますよ。
……そうですか。 安かったら、買いたいです。

4. あしたも 来なければ なりませんか。
……無理だったら、来週 来て ください。

5. もう 子どもの 名前を 考えましたか。
……ええ、男の 子だったら、「ひかる」です。
女の 子だったら、「あや」です。

6. 大学を 出たら、すぐ 働きますか。
……いいえ、1年ぐらい いろいろな 国を 旅行したいです。

7. 先生、この ことばの 意味が わかりません。
……辞書を 見ましたか。
ええ。 見ても、わかりません。

8. 暑い とき、エアコンを つけますか。
……いいえ、暑くても、つけません。 体に よくないと 思います。

会話

いろいろ　お世話に　なりました

木村　　：　転勤、おめでとう　ございます。

ミラー　：　ありがとう　ございます。

木村　　：　ミラーさんが　東京へ　行ったら、寂しく　なりますね。

佐藤　　：　そうですね。

木村　　：　東京へ　行っても、大阪の　ことを　忘れないで
　　　　　　ください ね。

ミラー　：　もちろん。　皆さん、暇が　あったら、ぜひ　東京へ
　　　　　　遊びに　来て　ください。

サントス：　ミラーさんも　大阪へ　来たら、電話を　ください。
　　　　　　いっしょに　飲みましょう。

ミラー　：　ええ、ぜひ。
　　　　　　皆さん、ほんとうに　いろいろ　お世話に　なりました。

佐藤　　：　頑張って　ください。　お体に　気を　つけて。

ミラー　：　はい。　皆さんも　どうぞ　お元気で。

25

213

1.

のみます	のんだら	のんでも
まちます	まったら	まっても
たべます	たべたら	たべても
みます	みたら	みても
きます	きたら	きても
します	したら	しても
あついです	あつかったら	あつくても
いいです	よかったら	よくても
すきです	すきだったら	すきでも
かんたんです	かんたんだったら	かんたんでも
びょうきです	びょうきだったら	びょうきでも
あめです	あめだったら	あめでも

2.

雨が	ふったら、	行きません。
時間が	なかった	映画を 見ません。
	やすかった	あの 店で 買います。
	ひまだった	遊びに 行きます。
	いい てんきだった	散歩します。

3.

ミラーさんが	きたら、	出かけましょう。
うちへ	かえった	すぐ シャワーを 浴びます。
夏休みに	なった	田舎へ 帰りたいです。

4.

	かんがえても、	わかりません。
お金が	なくて	毎日 楽しいです。
	たかくて	この うちを 買いたいです。
	べんりで	車は 使いません。
	やすみの ひで	早く 起きます。

25

練習 B

1. 例：　お金が　あります・パソコンを　買いたいです
　　　　　→　お金が　あったら、パソコンを　買いたいです。
　　1)　駅まで　歩きます・30分　かかります　→
　　2)　この　薬を　飲みます・元気に　なります　→
　　3)　バスが　来ません・タクシーで　行きます　→
　　4)　意見が　ありません・終わりましょう　→

2. 例1：　安いです・パソコンを　買います
　　　　　→　安かったら、パソコンを　買います。
　　例2：　雨です・出かけません　→　雨だったら、出かけません。
　　1)　駅が　近いです・便利です　→
　　2)　暑いです・エアコンを　つけて　ください　→
　　3)　使い方が　簡単です・買います　→
　　4)　航空便です・来週　着きます　→

3. 例1：　日曜日　雨です・何を　しますか
　　　　　→　日曜日　雨だったら、何を　しますか。
　　　　　……うちで　音楽を　聞きます。
　　例2：　ケータイが　故障します・どう　しますか
　　　　　→　ケータイが　故障したら、どう　しますか。
　　　　　…… 新しいのを　買います。
　　1)　日曜日　天気が　いいです・何を　しますか　→
　　2)　休みが　1か月　あります・何を　しますか　→
　　3)　会議の　とき、眠く　なります・どう　しますか　→
　　4)　買い物の　とき、お金が　足りません・どう　しますか　→

4. 例： 昼ごはんを 食べます・映画を 見に 行きませんか
　　　→ 昼ごはんを 食べたら、映画を 見に 行きませんか。
　　1) 駅に 着きます・電話を ください →
　　2) 仕事が 終わります・食事に 行きましょう →
　　3) 高校を 出ます・留学したいです →
　　4) 60歳に なります・仕事を やめます →

5. 例： 考えます・わかりません → 考えても、わかりません。
　　1) 覚えます・すぐ 忘れます →
　　2) ボタンを 押します・水が 出ません →
　　3) 結婚します・いっしょに 住みません →
　　4) 辞書で 調べます・わかりません →

6. 例1： 安いです・買いません → 安くても、買いません。
　　例2： 嫌いです・食べます → 嫌いでも、食べます。
　　1) 眠いです・レポートを 書かなければ なりません →
　　2) 旅行に 行きたいです・時間が ありません →
　　3) 歌が 下手です・カラオケは 楽しいです →
　　4) 病気です・病院へ 行きません →

7. 例1： デザインが よかったら、買いますか。
　　　　→ いいえ、デザインが よくても、買いません。
　　例2： 高くても、買いますか。
　　　　→ いいえ、高かったら、買いません。
　　1) チャンスが あったら、外国に 住みたいですか。 →
　　2) 暇だったら、旅行に 行きますか。 →
　　3) 年を 取っても、働きたいですか。 →
　　4) 体の 調子が 悪くても、勉強しますか。 →

練習C

1. A: あした 暇だったら、ジャズを 聞きに
　　　行きませんか。
   B: いいですね。 どこへ 行きますか。
   A: 神戸に いい 所が ありますよ。
   B: 神戸ですか。 いいですね。

2. A: もしもし、佐藤さんですか。
   B: はい、佐藤です。
   A: ミラーですが、今、会議室に います。
　　　アキックスの 牧野さんが 来たら、
　　　教えて ください。
   B: はい、わかりました。

217

3. A: 来週の サッカーの 練習、雨でも、ありますか。
   B: いいえ、雨だったら、ありません。
   A: そうですか。

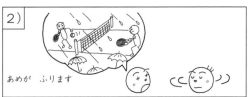

てんきが わるいです

あめが ふります

🔊
CD86　1.　1) ＿＿＿＿＿＿＿＿＿＿＿＿＿＿＿＿＿＿＿＿＿＿＿＿＿＿＿＿＿

2) ＿＿＿＿＿＿＿＿＿＿＿＿＿＿＿＿＿＿＿＿＿＿＿＿＿＿＿＿＿

3) ＿＿＿＿＿＿＿＿＿＿＿＿＿＿＿＿＿＿＿＿＿＿＿＿＿＿＿＿＿

4) ＿＿＿＿＿＿＿＿＿＿＿＿＿＿＿＿＿＿＿＿＿＿＿＿＿＿＿＿＿

5) ＿＿＿＿＿＿＿＿＿＿＿＿＿＿＿＿＿＿＿＿＿＿＿＿＿＿＿＿＿

🔊
CD87　2.　1)（　）　2)（　）　3)（　）　4)（　）　5)（　）

3.　例：雨が（　降ります → 降った　）ら、出かけません。

1) 毎日　日本語を（　使います →　　　　　）ら、上手に　なります。

2) バスが（　来ません →　　　　　）ら、タクシーで　行きましょう。

3) 月曜日が（　無理です →　　　　　）ら、火曜日に　レポートを
出して　ください。

4) 日曜日　天気が（　いいです →　　　　　）ら、ゴルフに
行きませんか。

5)（　考えます →　　　　　）も、わかりません。

6) 車は　高いですから、（　便利です →　　　　　）も、買いません。

4.　例：時間が　あったら、（　d　）　　a．エアコンを　つけて　ください。

1) お金が　あっても、（　　）　　b．サッカーの　試合が　あります。

2) 暑かったら、（　　）　　c．何も　買いません。

3) 仕事が　忙しくても、（　　）　~~d．遊びに　行きましょう。~~

4) いい　会社だったら、（　　）　　e．毎晩　日本語を　勉強します。

5) 雨でも、（　　）　　f．入りたいです。

5.　例：いつ　旅行に　行きますか。（　夏休みに　なります　）
……夏休みに　なったら、すぐ　行きます。

1) 何時に　パワー電気へ　行きますか。（　会議が　終わります　）
……

2) いつ　結婚したいですか。（　大学を　出ます　）
……

3) 何時ごろ　出かけましょうか。（　昼ごはんを　食べます　）
……

4) いつごろ　新しい　仕事を　始めますか。（　国へ　帰ります　）
……

6.

いろいろな 人に いちばん 欲しい 物を 聞きました。

① 「時間」です。 会社へ 行って、働いて、うちへ 帰ったら、1日が
終わります。 1日が 短いです。 1日 36時間ぐらい 欲しいです。
（女の 人、25歳）

② 「僕の 銀行」が 欲しいです。 銀行を 持って いたら、好きな
とき、お金を 下ろして、好きな 物を 買う ことが できます。
（男の 子、10歳）

③ 「若く なる 薬」です。 わたしは 若い とき、あまり
勉強しませんでした。 もう 一度 若く なったら、勉強して、
いい 仕事を したいです。 （女の 人、60歳）

④ 「ユーモア」が 欲しいです。 わたしが 話を すると、妻は すぐ
「あしたも 忙しいでしょう? 早く 寝て ください。」と 言います。
子どもは 「お父さん、もう 3回ぐらい 聞いたよ。」と 言います。
わたしは おもしろい 人に なりたいです。 （男の 人、43歳）

⑤ 「わたし」が もう 1人 欲しいです。 わたしは 毎日 学校で
勉強しなければ なりません。 「わたし」が 2人 いたら、1人が
学校で 勉強して いる とき、もう 1人の 「わたし」は 好きな
ことが できます。 わたしは 2人に なりたいです。
（女の 子、14歳）

例) 男の 子、10歳・　　・毎日 とても 忙しい・　　・ユーモア
1) 女の 子、14歳・　　・好きな ことを したい・　　・僕の 銀行
2) 女の 人、25歳・　　・勉強したい　　　　　　・　　・わたし
3) 男の 人、43歳・　　・好きな 物を 買いたい・　　・若くなる 薬
4) 女の 人、60歳・　　・わたしの 話は　　　　・　　・時間
　　　　　　　　　　　　おもしろくない

7. あなたが 今 いちばん 欲しい 物は 何ですか。

復習 G

1.　例：サントスさん、「こんばんは」は　ポルトガル語（　で　）何ですか。
　　　　……"Boa noite" です。
　　　　★サントスさんが　ポルトガル語を　教えて　__くれました__。

1)　すみません、郵便局は　どこですか。
　　……あの　交差点（　　）右（　　）曲がる（　　）、ありますよ。
　　どうも　ありがとう　ございました。
　　……道（　　）渡る　とき、車（　　）気を　つけて　くださいね。
　　★歩いて　いる　人が　道を　教えて　_____。

2)　すみません、どこに　CDを　入れますか。
　　……ここ（　　）入れて、押して　ください。
　　はい。　あれ？　音（　　）小さいです。
　　……この　ボタンを　押す（　　）、音（　　）大きく　なりますよ。
　　CDを　どうやって　出しますか。
　　……ここ（　　）触る（　　）、CD（　　）出ます。
　　★店の　人に　使い方を　教えて　_____。

3)　もしもし、これから　電車（　　）乗ります。
　　……迎え（　　）行きますから、駅（　　）着いたら、待って
　　　　いて　ください。
　　じゃ、お願いします。
　　★わたしは　友達を　駅へ　迎えに　行って　_____。

4)　すてきな　絵ですね。　だれ（　　）この　絵を　かきましたか。
　　……父（　　）かきました。　去年　ここへ
　　　　引っ越しした　とき、くれました。
　　★去年　父に　絵を　_____。

5)　あ、もう　9時ですね。　きょう（　　）
　　ごちそうさまでした。　そろそろ　失礼します。
　　……そうですか。　じゃ、遅いですから、車（　　）送りましょうか。
　　すみません。お願いします。
　　★わたしは　友達を　駅まで　送って　_____。

2. 例： ちょっと （待って） ください。

1) 休みの 日 天気が （　　　）ら、わたしは 山へ 行きます。
   山に （　　　）とき、いつも カメラを 持って 行きます。
   写真を （　　　）ら、パソコンに 入れて、見ます。 お金と
   時間が （　　　）ら、世界の いろいろな 山に 登りたいです。

好きです　いいです　待ちます　登ります　撮ります　あります

2) わたしは 一人で 住んで いますから、（　　　　　）とき、大変です。
   頭が （　　　）も、ゆっくり 休む ことが できません。 熱が
   （　　　）も、自分で うちの 仕事を しなければ なりません。

痛いです　病気です　食べます　あります

3) 田舎へ お祭りを 見に 来ました。 おじいさんが 駅まで 迎えに
   （　　　　）くれました。 お祭りは あしたです。 （　　　　）ら、
   お祭りは ありません。 でも、おばあさんに （　　　　）もらった
   おいしい 料理を 食べます。

雨です　作ります　習います　来ます

4) おじいさんは 新しい ケータイの 使い方が わかりません。
   ですから （　　　　）あげました。
   おじいさんは 「（　　　　）とき、練習するよ。」と 言いました。
   わたしは 「（　　　　）ら、また 聞いてね。」と 言いました。

わかります　暇です　教えます　使います

3. 例： 今 何も （ a. 食べたいです　ⓑ. 食べたくないです ）。

1) お酒を （ a. 飲む　b. 飲んだ ）とき、「乾杯」と 言います。
2) （ a. 疲れる　b. 疲れた ）とき、ゆっくり おふろに 入ります。
3) タクシーに （ a. 乗る　b. 乗った ）お金が ありません。
4) 右へ 曲がると、（ a. 銀行へ 行きます　b. 銀行が あります ）。
5) 先週の 土曜日 田中さんに 大阪城へ 連れて 行って
   （ a. くれました　b. もらいました ）。
6) 昼ごはんを （ a. 食べた とき　b. 食べたら ）、すぐ、出かけます。
7) （ a. 眠くても　b. 眠かったら ）、勉強します。

221

G

副詞・接続詞・会話表現の　まとめⅡ

1. 例：すみません。　切符の　買い方を　教えて　ください。

　　　……はい。（ a．すぐ　　 b．次に　　 ⓒ．まず ）ここを　押して
　　　ください。

1) 日本語が　あまり　わかりません。　すみませんが、
　（ a．あとで　　 b．また　　 c．ゆっくり ）話して　ください。
　……あ、すみません。

2) 北海道へ　行った　ことが　ありますか。
　……（ a．一度　　 b．一度も　　 c．もうすぐ ）あります。
　冬に　行きました。　よかったですよ。

3) あしたも（ a．これから　　 b．また　　 c．次に ）会議ですね。
　……ええ、今月は　会議が　多いですね。

4) 遅かったですね。
　……すみません。　バスが（ a．だんだん　　 b．なかなか
　　c．ゆっくり ）来ませんでした。

5) （ a．よく　　 b．だいたい　　 c．あまり ）テレビを　見ますか。
　……そうですね。　野球の　試合が　ある　とき、見ます。

6) 日本は　物価が　高いでしょう？
　……ええ、（ a．そんなに　　 b．ほんとうに　　 c．ほかに ）高いと
　思います。

7) （ a．これから　　 b．次に　　 c．最近 ）パソコンの　調子が
　悪いです。
　…… 新しいのを　買わないと……。

8) ミラーさんは　来ますか。
　……ええ、（ a．きっと　　 b．ぜひ　　 c．だいたい ）来ると
　思います。

9) あの　コンビニで　薬を　売って　いますか。
　……（ a．たぶん　　 b．よく　　 c．ずっと ）売って　いないと
　思います。

10) 宿題は（ a．だんだん　　 b．全部　　 c．自分で ）終わりました。
　……早いですね。

11) 東京へ　行っても、わたしたちの　ことを　忘れないで　くださいね。
　……（ a．ぜひ　　 b．もちろん　　 c．たぶん ）忘れませんよ。

12) 晩ごはんは　外で　食べますか。
　……いいえ、（ a．きっと　　 b．自分で　　 c．たぶん ）作って、
　うちで　食べます。

2. 1) あしたの 朝 東京で 会議が ありますから、今晩 東京へ
行きます。（ a．それから　　b．ですから　　c．でも ）、
7時までに 会社を 出なければ なりません。
……もう 6時ですね。 急がないと……。
2) 少し 狭くても、駅から 近い 所が いいです。
……（ a．それから　　b．でも　　c．では ）、こちらは いかがですか。

3. 1) どう しましたか。
……（ a．熱が あります　　b．とても 元気です
c．いい 天気に なりました ）。
2) 頭が 痛いですから、きょうは 早く 帰ります。
……そうですか。（ a．お大事に　　b．ただいま
c．お帰りなさい ）。
3) すしと てんぷらですね。 2,500円で ございます。
……（ a．少々 お待ち ください。　　b．別々に お願いします。
c．ご注文は？ ）
はい。 すしは 1,500円です。
……（ a．これで お願いします　　b．5,000円 お願いします
c．よろしく お願いします ）。
はい。 3,500円の お釣りです。 ありがとう ございました。
4) 松本さん、こんばんは。
……あ、サントスさん、（ a．久しぶりですね　　b．そうですね
c．残念ですね ）。
5) あしたは 試合です。
……（ a．じゃ、お願いします　　b．疲れましたね
c．頑張って ください ）。
6) 来週 国へ 帰ります。 皆さん、ほんとうに（ a．失礼します
b．大変ですね　　c．お世話に なりました ）。
……（ a．どうぞ よろしく　　b．どうぞ お元気で
c．はい、どうぞ ）。
7) ケーキを 作りました。 食べませんか。
……すみません。（ a．おなかが すきました
b．おなかが いっぱいです　　c．ケーキが 好きです ）から、
今は ちょっと……。
8) 来月 結婚します。
……（ a．お願いします　　b．ありがとう ございます
c．おめでとう ございます ）。

総復習

1. 例: おはようテレビです。　失礼ですが、[おいくつ]ですか。……39歳です。
   1) 家族は [　　　　　　] ですか。
      ……3人です。　妻と　子どもが　1人　います。
      [　　　　] 結婚しましたか。
      ……10年まえに、結婚しました。
      初めて　奥さんに　会った　所は [　　　　　] ですか。
      ……大学です。
   2) 趣味は [　　　　　] ですか。
      ……映画を　見る　ことです。
      [　　　　] 映画を　見ますか。
      ……アニメが　好きです。

      アニメと　マンガと　[　　　　　　] が　おもしろいですか。

      ……もちろん　アニメの　ほうが　おもしろいです。
      日本で　映画は　1,800円です。　あなたの　国で [　　　　　] ですか。
      ……300円ぐらいです。
   3) たくさん　写真が　ありますね。　[　　　　　] が　撮りましたか。
      ……わたしです。
      [　　　　　] 写真が　いちばん　好きですか。
      ……この　飛行機の　写真です。
   4) 冬休みは [　　　　　] を　しますか。
      ……沖縄へ　旅行に　行きたいです。
      [　　　　] 沖縄へ　行きたいですか。
      ……冬の　沖縄は　暖かいですから。
      沖縄まで [　　　　] 行きますか。
      ……神戸まで　車で　行って、船に　乗ります。
      船で [　　　　　] かかりますか。
      ……たぶん　2日ぐらい　かかると　思います。
   5) 日本に　ついて [　　　　　] 思いますか。
      ……ちょっと　物価が　高いと　思います。
      そうですか。　どうも　ありがとう　ございました。

2. 例: わたし（ の ）おじいさんは　69歳です。
   1) おじいさんは　背（　　　）高くて、ハンサムです。
      4年まえに、仕事（　　　）やめました。

224

2) 毎朝 6時（　　　）起きて、新聞（　　　）ゆっくり 読みます。
　午後 少し 寝てから、犬（　　　）公園（　　　）散歩したり、
　友達（　　　）会ったり します。夜は 何（　　　）しません。

3) おじいさんは 料理（　　　）上手です。わたしは
　おじいさん（　　　）作る 料理の 中（　　　）カレー（　　　）
　いちばん おいしい（　　　）思います。

4) おじいさんは 馬（　　　）乗る こと（　　　）できます。学生
　（　　　）とき、ドイツ（　　　）習い（　　　）行った こと（　　　）
　あります。おじいさんは わたし（　　　）18歳（　　　）なったら、
　馬（　　　）乗り方を 教えて くれる（　　　）言いました。

5) 7月に 京都（　　　）有名な お祭り（　　　）あります。
　おじいさんは 京都の 大学（　　　）出ました（　　　）、
　京都（　　　）友達（　　　）たくさん います。1年（　　　）
　1回 みんなで 会います。

3. 例：図書館は 本を （読む）所ですよ。話しては いけません。
　　……はい、すみません。

1) テレーザちゃんの 夢は 何ですか。
　　……医者に （　　　）ことです。
2) ブラジルの 人は ごはんを （　　　）とき、何と 言いますか。
　　……何も 言いません。
3) 友達が うそを （　　　）ら、どう しますか。
　　……「ほんとうの ことを 言って」と 言います。
4) 毎晩 （　　　）まえに、何を しますか。
　　……お祈りを します。

寝ます　言います　読みます　食べます　なります　聞きます

5) 先生、この 漢字の 意味を （　　　）ください。
　　……辞書で 調べましたか。
　　（　　　）も、わかりません。
6) 太郎、あした 試験が （　　　）でしょう？勉強しないと……。
　　……眠いよ。無理だよ。
　　（　　　）も、（　　　）なければ なりません。

教えます　勉強します　書きます　調べます　あります　眠いです

7) 7月ですね。（　　　）なりましたね。
　　……そうですね。もうすぐ 祇園祭ですね。
　　祇園祭のとき、京都は（　　　）でしょう？
　　……ええ。もし（　　　）ら、京都へ（　　　）に 来ませんか。
　　ありがとう ございます。

暇です　　にぎやかです　　遊びます　　暑いです　　明るいです

4. 例：タクシーを 呼びましょうか。
　　　……ええ、（ⓐ. 2台 呼んで ください。　b. 2台 呼びました ）。

1) うちへ（ a. 帰ったら　b. 帰ると ）、手を 洗って ください。
　　……はい、わかりました。

2) 水が 出ません。
　　……右の ボタンを（ a. 押すと　b. 押す とき ）、出ますよ。

3) 日曜日 空港へ 飛行機を 見に 行きます。父が 連れて 行って
　　（ a. もらいます　b. くれます ）。空港は 海の 上に
　　ありますから、空港へ（ a. 行く　b. 行った ）とき、長い 橋を
　　渡らなければ なりません。

4) 先月 タイを 旅行した とき、象に（ a. 乗った ことが
　　あります　b. 乗りました ）。象は とても 大きかったです。

5) 来月 結婚します。結婚したら、神戸に（ a. 住んで います
　　b. 住みます ）。
　　友達に 引っ越しを 手伝って（ a. もらいます　b. あげます ）。

6) あの 帽子を（ a. はいて いる　b. かぶって いる ）人は
　　だれですか。
　　……（ a. 知って いません　b. 知りません ）。

7) 土曜日 いっしょに テニスを（ a. しますか　b. しませんか ）。
　　……すみません。土曜日は（ a. 調子　b. 都合 ）が 悪いです。

8) 最近の 子どもは あまり 本を 読まないと 思います。
　　……わたしも（ a. そう 思います　b. そうだと 思います ）。

5. 例：（ 果物 ）で みかんが いちばん おいしいと 思います。

1) 日本は（　　　）が 4つ あります。春、夏、秋、冬です。

2) 趣味は（　　　）の 写真を 撮る ことです。特に 猫を
　　撮ります。

3) この 自動販売機は 水や お茶など（　　　）を 売って います。

4) わたしは（　　　）が 2人 います。兄と 妹です。

5）（　　　　）は　どうでしたか。……雨でした。

6. 例：A：コーヒー、もう　一杯　いかがですか。
　　　B：いいえ、（ a．いいです　　ⓑ．けっこうです　　c．一杯です ）。
1）A：いい　お天気ですね。
　　B：ええ、（ a．そうですよ　　b．そうですか　　c．そうですね ）。
2）A：きょうは（ a．ちょっと　　b．少し　　c．あまり ）
　　　食べませんね。
　　B：ええ。　きのうから　ダイエットを　して　います。
3）A：イギリスは　いつが　いちばん　いいですか。
　　B：そうですね。　夏が　いいですよ。　来年は（ a．ぜひ
　　　b．たぶん　　c．とても ）イギリスへ　来て　ください。
　　A：イギリスの　夏は　大阪より　涼しいですか。
　　B：ええ、（ a．ずっと　　b．いちばん　　c．もう ）涼しいですよ。
4）A：大学の　寮に　住んで　いますか。
　　B：いいえ、部屋を　借りて、（ a．自分で　　b．一人で
　　　c．全部で ）住んで　います。
　　A：家賃が　高いでしょう。
　　B：いいえ、（ a．ほんとうに　　b．そんなに　　c．とても ）
　　　高くないです
5）A：国の　ことを　思い出しますか。
　　B：はい。（ a．たくさん　　b．とても　　c．よく ）思い出します。
　　　（ a．ほかに　　b．特に　　c．あとで ）母の　ことを
　　　思い出します。
6）A：大学を　出たら、（ a．すぐ　　b．もうすぐ　　c．早く ）
　　　働きますか。
　　B：いいえ、1年（ a．だいたい　　b．ごろ　　c．ぐらい ）世界を
　　　旅行して、（ a．次に　　b．ですから　　c．それから ）国へ
　　　帰って、働きます。
7）A：結婚したら、両親と　住みますか。
　　B：いいえ、（ a．別々に　　b．一人で　　c．いっしょに ）
　　　住みます。　週末だけ（ a．全部　　b．みんな
　　　c．みんなで ）食事します。
8）A：あ、10時ですね。（ a．だんだん　　b．なかなか
　　　c．そろそろ ）失礼します。　あしたは　出張ですから。
　　B：そうですか。（ a．でも　　b．じゃ　　c．そして ）、帰りましょう。

227

動詞の　フォーム

	13課 ます形		18課 辞書形	17課 ない形		19課 た形	14課 て形
I	かき	ます	かく	かか	ない	かいた	かいて
	いき	ます	いく	いか	ない	いった	いって
	いそぎ	ます	いそぐ	いそが	ない	いそいだ	いそいで
	やすみ	ます	やすむ	やすま	ない	やすんだ	やすんで
	よび	ます	よぶ	よば	ない	よんだ	よんで
	しに	ます	しぬ	しな	ない	しんだ	しんで
	つくり	ます	つくる	つくら	ない	つくった	つくって
	つかい	ます	つかう	つかわ	ない	つかった	つかって
	もち	ます	もつ	もた	ない	もった	もって
	なおし	ます	なおす	なおさ	ない	なおした	なおして
II	たべ	ます	たべる	たべ	ない	たべた	たべて
	み	ます	みる	み	ない	みた	みて
III	し	ます	する	し	ない	した	して
	き	ます	くる	こ	ない	きた	きて
	―ましょう(6) ―ませんか(6) ―に　いきます(13) ―たいです(13) ―ましょうか(14,22)		―ことが　できます(18) ―ことです(18) ―まえに(18) ―と(23)	―ないで　ください(17) ―なければ　なりません(17) ―なくても　いいです(17)		―ことが　あります(19) ―リ、―リ　します(19) ―ら(25)	―います(14,15) ―ください(14) ―も　いいです(15) ―は　いけません(15) ―から(16) ―あげます(24) ―もらいます(24) ―くれます(24) ―も(25)

20課 普通形	
I	かく かかない かいた かかなかった	―と　おもいます(21) ―と　いいます(21) ―でしょう？(21) ―とき(23)
II	たべる たべない たべた たべなかった	
III	する しない した しなかった くる こない きた こなかった	

学習項目一覧

課	学習項目	文型	例文	練習A	練習B	練習C
1	わたしは　マイク・ミラーです	1	1	1	1, 2	1
	わたしは　カール・シュミットじゃ　ありません	2	2, 3	2	3	
	あの　ひとは　きむらさんですか	3		3	4	2
	わたしは　IMCの　しゃいんです		4	4	5	3
	マリアさんも　ブラジルじんです	4	5	5	6	
	テレーザちゃんは　9さいです		6	6	7	
2	これは　つくえです	1	1, 2, 3	1	1, 2, 3	1
	それは　ボールペンですか、シャープペンシルですか		4	2	4	
	これは　くるまの　ほんです		5	3	5	2
	あれは　わたしの　かばんです	2	6	4	6	
	あれは　わたしのです		7	5	7	
	この　てちょうは　わたしのです	3	8	6	8	3
3	ここは　きょうしつです	1	1	1	1	
	うけつけは　ここです	2	2	2	2	1
	じどうはんばいきは　2かいです		3	3	3	
	エレベーターは　こちらです		4	4	4	
	くには　フランスです		5	5	5, 6	2
	これは　にほんの　くるまです		6	6	7	3
	この　ネクタイは　1,500えんです		7	7	8	
4	いま　4じ5ふんです	1	1	1	1, 2	
	やすみは　すいようびです		2	2	3	
	ひるやすみは　12じから　1じまでです		3	3	4	1
	わたしは　まいあさ　6じに　おきます	2	4	4	5	2
	わたしは　9じから　5じまで　はたらきます		5	5	6	3
	〜ます／ません／ました／ませんでした	3	6, 7	6, 7	7, 8, 9	
5	わたしは　スーパーへ　いきます	1	1, 2	1	1, 2	
	わたしは　バスで　かいしゃへ　いきます	2	3	2	3	2
	わたしは　ミラーさんと　にほんへ　きました	3	4	3	4	
	わたしは　7がつ15にちに　くにへ　かえります		5	4	5, 6, 7	3
	たんじょうびは　6がつ13にちです		6		8	
6	わたしは　パンを　たべます	1	1, 2, 3	1	1, 2, 3	1
	あなたは　なにを　しますか		4	2	4	
	わたしは　デパートで　こうちゃを　かいました	2	5	3	5, 6	2
	いっしょに　きょうとへ　いきませんか	3	6	4	7	3
	あそこで　やすみましょう	4	7	5		

課	学習項目	文型	例文	練習A	練習B	練習C
7	わたしは はしで ごはんを たべます	1	1, 2	1, 2	1	
	「ありがとう」は えいごで "Thank you"です		3	3	2	1
	わたしは さとうさんに チョコレートを あげます	2	4	4	3, 5, 6	
	わたしは ワットさんに ほんを もらいました	3	5	5	4, 5, 6	2
	もう にもつを おくりましたか ……いいえ まだです	4	6, 7	6	7	3
8	この まちは きれいです	1	1, 2	1, 2	1, 2, 4, 5	
	この まちは おもしろいです	2	3, 4		1, 3, 4, 5	1
	ならは ゆうめいな まちです	3	5	3	6, 7, 8	2, 3
	ならは ふるい まちです	4	6			
9	わたしは えいがが すきです	1	1, 2	1	1, 2	1
	サントスさんは サッカーが じょうずです		3	2	3	
	わたしは ひらがなが わかります	2	4	3	4	
	わたしは おかねが あります		5	4	5, 6	2
	いそがしいですから、テレビを みません	3	6, 7	5	7, 8	3
10	あそこに でんわが あります	1	1	1	1	
	あそこに やまださんが います	2	2, 3	2		
	スーパーの となりに きっさてんが あります		4	3	2, 3	1
	ミラーさんの うちは おおさかに あります	3	5	4	4, 5	2
	ミラーさんは あそこに います	4	6	5		3
11	みかんが いつつ あります	1	1	1	1	1
	80えんの きってを 1まい かいました		2	2	2, 3	
	この クラスに りゅうがくせいが ひとり います		3, 4	3	4	2
	1しゅうかんに 1かい えいがを みます		5	4	5	
	くにで 5しゅうかん にほんごを べんきょうしました	2	6	5	6, 7	
	わたしの くにから にほんまで ひこうきで 4じかん かかります		7	6		3
12	きょうとは きれいでした	1	1, 3	1, 2	1, 3, 4	
	きょうとは さむかったです	2	2		2, 3, 4	1
	とうきょうは おおさかより おおきいです	3	4	3	5	
	サッカーと やきゅうと どちらが おもしろいですか ……サッカーの ほうが おもしろいです		5, 6	4	6	2
	スポーツで なにが いちばん おもしろいですか	4	7	5	7	3

課	学習 項目	文型	例文	練習A	練習B	練習C
13	わたしは くるまが ほしいです	1	1	1	1, 2	1
	わたしは カメラを かいたいです	2	2, 3	2, 3	3, 4	2
	わたしは きょうとへ あそびに いきます	3	4, 5, 6	4	5, 6, 7, 8	3
14	もんだいを よんで ください	1	1, 2	1, 2	1, 2, 3	1
	てつだいましょうか	2	3, 4	3	4, 5	2
	ミラーさんは いま レポートを よんで います	3	5, 6	4	6, 7	3
15	えんぴつで かいても いいですか	1	1, 2	1	1, 2	1
	おさけを のんでは いけません		3	2	3	
	わたしは きょうとに すんで います	2	4, 5, 6	3	4	2
	わたしは IMCで はたらいて います		7	4	5, 6	3
16	あした こうべへ いって、えいがを みて、かいものします	1	1, 2	1	1, 2	1
	うちへ かえってから、ばんごはんを たべます	2	3	2	3, 4	2
	カリナさんは せが たかいです	3	4	3	5	
	ミラーさんは わかくて、げんきです	4	5, 6, 7	4	6, 7, 8	3
17	たばこを すわないで ください	1	1, 2	1, 2	1, 2	1
	ほんを かえさなければ なりません	2	3	3	3, 4, 6, 7	2
	なまえを かかなくても いいです	3	4	4	5, 6, 7	
	レポートは あした かきます		5	5	8	3
18	ミラーさんは { にほんご / かんじを よむ こと } が できます	1	1, 2	1, 2	1, 2, 3	
	ここで { コピー / きっぷを かう こと } が できます		3, 4	3	4, 5	1
	わたしの しゅみは { スポーツ / どうぶつの しゃしんを とる こと } です	2	5	4	6	2
	ねる まえに、ほんを よみます	3	6, 7, 8	5	7, 8	3
19	わたしは おきなわへ いった ことが あります	1	1, 2	1, 2	1, 2	1
	まいばん テレビを みたり、ほんを よんだり します	2	3, 4	3	3, 4	2
	テレーザちゃんは せが たかく なりました	3	5, 6, 7	4	5	3

課	学習項目	文型	例文	練習A	練習B	練習C
20	わたしは らいしゅう とうきょうへ いく	1	1, 2, 3	1, 2	1, 5	1
	わたしは まいにち いそがしい	2	4		2, 6	
	わたしは あした ひまだ	3			3, 7	
	わたしは IMCの しゃいんだ	4				
	わたしは しやくしょへ いかなければ ならない		5, 6, 7, 8	2	4, 8	2, 3
21	わたしは あした あめが ふると おもいます	1	1, 2	1	1, 2	
	わたしは うまは やくに たつと おもいます		3, 4	2	3, 4, 5	1
	わたしは かちょうに かいしゃを やめると いいました	2	5, 6, 7	3	6	2
	あした パーティーに くるでしょう?	3	8	4	7, 8	3
22	これは おんなの ひとが よむ ざっしです	1	1	1, 2	1, 2	
	ははが よく つくる りょうりは カレーです	2	2, 3, 4, 5	3	3, 4, 5	1, 2
	わたしは パソコンを いれる かばんを かいました	3	6	4	6	3
	わたしは ほんを よむ ひとが すきです		7	5	7	
	わたしは テレビを みる じかんが ありません	4	8	6	8	
23	みちを わたる とき、くるまに きを つけます	1	1, 2	1	1, 4	
	うちへ かえった とき、「ただいま」と いいます		3, 4	2	2, 4	1
	ねむい とき、コーヒーを のみます		5	3	3, 4	2
	ひまな とき、ほんを よみます		6			
	26さいの とき、けっこんしました		7			
	これを まわすと、おとが おおきく なります	2	8, 9	4	5, 6	3
24	ミラーさんは わたしに ワインを くれました	1	1	1	1	
	サントスさんが くれました		2	2	2	1
	わたしは やまださんに りょこうの しゃしんを みせて もらいました	2	3	3	3, 4	2
	やまださんは りょこうの しゃしんを みせて くれました	3	4	4	5, 6	3
	わたしは カリナさんに CDを かして あげました	4	5	5	7	
25	あめが ふったら、いきません	1	1, 2, 3, 4, 5	1, 2	1, 2, 3	1
	ミラーさんが きたら、でかけましょう		6	3	4	2
	かんがえても、わかりません	2	7, 8	4	5, 6, 7	3

索引

235

236

237

239

241

242

243

244

246

247

248

249

監修

鶴尾能子　石沢弘子

執筆協力

田中よね　澤田幸子　重川明美　牧野昭子　御子神慶子

音声監修

江崎哲也　岡田祥平

本文イラスト

佐藤夏枝　向井直子

声の出演

大山尚雄　北大輔　水沢有美　水原英里

装丁・本文デザイン

山田武

みんなの日本語　初級I　第2版

本冊

1998年　3月16日　初版第 1 刷発行
2012年　8月 2 日　第 2 版第 1 刷発行
2022年　7月28日　第 2 版第27刷発行

編著者　スリーエーネットワーク
発行者　藤嵜政子
発　行　株式会社スリーエーネットワーク
　　　　〒102-0083　東京都千代田区麹町 3 丁目 4 番
　　　　　　　　　　トラスティ麹町ビル 2F
　　　　電話　営業　03（5275）2722
　　　　　　　編集　03（5275）2725
　　　　https://www.3anet.co.jp/
印　刷　倉敷印刷株式会社

みんなの日本語シリーズ

みんなの日本語 初級I 第2版

- 本冊(CD付) ……………… 2,750円(税込)
- 本冊 ローマ字版(CD付) … 2,750円(税込)
- 翻訳・文法解説 ………… 各2,200円(税込)
  英語版／ローマ字版【英語】／中国語版／韓国語版／ドイツ語版／スペイン語版／ポルトガル語版／ベトナム語版／イタリア語版／フランス語版／ロシア語版(新版)／タイ語版／インドネシア語版／ビルマ語版／シンハラ語版
- 教え方の手引き …………… 3,080円(税込)
- 初級で読めるトピック25 … 1,540円(税込)
- 聴解タスク25 …………… 2,200円(税込)
- 標準問題集 ………………… 990円(税込)
- 漢字 英語版 ……………… 1,980円(税込)
- 漢字 ベトナム語版 ……… 1,980円(税込)
- 漢字練習帳 ………………… 990円(税込)
- 書いて覚える文型練習帳 … 1,430円(税込)
- 導入・練習イラスト集 …… 2,420円(税込)
- CD 5枚セット …………… 8,800円(税込)
- 会話DVD ………………… 8,800円(税込)
- 会話DVD　PAL方式 …… 8,800円(税込)
- 絵教材CD-ROMブック … 3,300円(税込)

みんなの日本語 初級II 第2版

- 本冊(CD付) ……………… 2,750円(税込)
- 翻訳・文法解説 ………… 各2,200円(税込)
  英語版／中国語版／韓国語版／ドイツ語版／スペイン語版／ポルトガル語版／ベトナム語版／イタリア語版／フランス語版／ロシア語版(新版)／タイ語版／インドネシア語版／ビルマ語版
- 教え方の手引き …………… 3,080円(税込)

- 初級で読めるトピック25 … 1,540円(税込)
- 聴解タスク25 …………… 2,640円(税込)
- 標準問題集 ………………… 990円(税込)
- 漢字 英語版 ……………… 1,980円(税込)
- 漢字 ベトナム語版 ……… 1,980円(税込)
- 漢字練習帳 ………………… 1,320円(税込)
- 書いて覚える文型練習帳 … 1,430円(税込)
- 導入・練習イラスト集 …… 2,640円(税込)
- CD 5枚セット …………… 8,800円(税込)
- 会話DVD ………………… 8,800円(税込)
- 会話DVD　PAL方式 …… 8,800円(税込)
- 絵教材CD-ROMブック … 3,300円(税込)

みんなの日本語 初級 第2版

- やさしい作文 ……………… 1,320円(税込)

みんなの日本語 中級I

- 本冊(CD付) ……………… 3,080円(税込)
- 翻訳・文法解説 ………… 各1,760円(税込)
  英語版／中国語版／韓国語版／ドイツ語版／スペイン語版／ポルトガル語版／フランス語版／ベトナム語版
- 教え方の手引き …………… 2,750円(税込)
- 標準問題集 ………………… 990円(税込)
- くり返して覚える単語帳 …… 990円(税込)

みんなの日本語 中級II

- 本冊(CD付) ……………… 3,080円(税込)
- 翻訳・文法解説 ………… 各1,980円(税込)
  英語版／中国語版／韓国語版／ドイツ語版／スペイン語版／ポルトガル語版／フランス語版／ベトナム語版
- 教え方の手引き …………… 2,750円(税込)
- 標準問題集 ………………… 990円(税込)
- くり返して覚える単語帳 …… 990円(税込)

- 小説 ミラーさん
  ―みんなの日本語初級シリーズ―
- 小説 ミラーさんII
  ―みんなの日本語初級シリーズ―
  …………………… 各1,100円(税込)

スリーエーネットワーク
ウェブサイトで新刊や日本語セミナーをご案内しております。
https://www.3anet.co.jp/

世界

ヨーロッパ

75°

60°

45°

30°

15°N

0°

アフリカ

15°S

30°

45°

オセアニア

60°

75°

南極

日本

アジア

インド洋

30°   15°W   0°   15°E   30°   45°   60°   75°   90°   105°   120°   135°

みんなの日本語

Minna no Nihongo

初級I 第2版 本冊

[解答例、問題のスクリプト]

スリーエーネットワーク

練習Ｂ・Ｃ　解答例
第1課
練習Ｂ
1. 1）山田さんは日本人です。　2）ワットさんはイギリス人です。
   3）タワポンさんはタイ人です。　4）シュミットさんはドイツ人です。
2. 1）山田さんは銀行員です。　2）ワットさんは先生です。
   3）タワポンさんは学生です。　4）シュミットさんは会社員です。
3. 1）山田さんは学生じゃありません。　2）ワットさんはドイツ人じゃありません。
   3）タワポンさんは先生じゃありません。　4）シュミットさんはアメリカ人じゃありません。
4. 1）山田さんは銀行員ですか。……はい、銀行員です。
   2）ワットさんは会社員ですか。……いいえ、会社員じゃありません。
   3）タワポンさんは先生ですか。……いいえ、先生じゃありません。
   4）シュミットさんはドイツ人ですか。……はい、ドイツ人です。
5. 1）あの方はどなたですか。……イーさんです。AKCの研究者です。
   2）あの方はどなたですか。……ワンさんです。神戸病院の医者です。
   3）あの方はどなたですか。……カリナさんです。富士大学の学生です。
   4）あの方はどなたですか。……サントスさんです。ブラジルエアーの社員です。
6. 1）山田さんは銀行員です。イーさんも銀行員ですか。
   　……いいえ、イーさんは銀行員じゃありません。
   2）ワットさんは先生です。ワンさんも先生ですか。
   　……いいえ、ワンさんは先生じゃありません。
   3）タワポンさんは学生です。カリナさんも学生ですか。
   　……はい、カリナさんも学生です。
   4）シュミットさんはドイツ人です。サントスさんもドイツ人ですか。
   　……いいえ、サントスさんはドイツ人じゃありません。
7. 1）山田さんは何歳ですか。……38歳です。　2）ワットさんは何歳ですか。……45歳です。　3）タワポンさんは何歳ですか。……19歳です。　4）シュミットさんは何歳ですか。……52歳です。

練習Ｃ
1. 1）ジョゼ・サントス／ブラジル　2）カリナ／インドネシア
2. 1）サントス／サンタス／サントス　2）タワポン／タナポン／タワポン
3. 1）サントス／サントス／ブラジルエアー　2）シュミット／シュミット／パワー電気

第2課
練習B

1. 1）それはかばんです。　2）これはかぎです。　3）あれはテレビです。
2. 1）これは時計ですか。……はい、時計です。
   2）これはラジオですか。……いいえ、カメラです。
   3）これは鉛筆ですか。……いいえ、シャープペンシル（ボールペン）です。
   4）これはいすですか。……はい、いすです。
3. 1）これは何ですか。……時計です。
   2）これは何ですか。……カメラです。
   3）これは何ですか。……シャープペンシル（ボールペン）です。
   4）これは何ですか。……いすです。
4. 1）これは本ですか、雑誌ですか。……本です。
   2）これは「い」ですか、「り」ですか。……「り」です。
   3）これは「1」ですか、「7」ですか。……「7」です。
   4）これは「シ」ですか、「ツ」ですか。……「シ」です。
5. 1）それは何の雑誌ですか。……車の雑誌です。
   2）それは何のCDですか。……日本語のCDです。
   3）それは何の雑誌ですか。……カメラの雑誌です。
   4）それは何の本ですか。……日本語の本です。
6. 1）これはだれのかばんですか。……山田さんのかばんです。
   2）これはだれのカメラですか。……サントスさんのカメラです。
   3）これはだれの傘ですか。……佐藤さんの傘です。
   4）これはだれの手帳ですか。……ミラーさんの手帳です。
7. 1）これはワンさんのですか。……いいえ、ワンさんのじゃありません。
   2）これはサントスさんのですか。……はい、サントスさんのです。
   3）これは佐藤さんのですか。……はい、佐藤さんのです。
   4）これはワットさんのですか。……いいえ、ワットさんのじゃありません。
8. 1）このかばんはだれのですか。……山田さんのです。
   2）このカメラはだれのですか。……サントスさんのです。
   3）この傘はだれのですか。……佐藤さんのです。
   4）この手帳はだれのですか。……ミラーさんのです。

練習C

1. 1）チョコレート　2）ボールペン
2. 1）病院のカード　2）車のかぎ
3. 1）ノート　2）鉛筆

第3課
練習B

1. 1）ここは受付です。　2）ここは事務所です。　3）ここは会議室です。

　　4）ここはトイレ（お手洗い）です。

2. 1）会議室はどこですか。……ここです。

　　2）自動販売機はどこですか。……そこです。

　　3）山田さんはどこですか。……あそこです。

3. 1）トイレはどこですか。……1階です。

　　2）テレーザちゃんはどこですか。……教室です。

　　3）食堂はどこですか。……地下です。

　　4）会議室のかぎはどこですか。……事務所です。

4. 1）エスカレーターはどちらですか。……そちらです。

　　2）電話はどちらですか。……こちらです。

　　3）カリナさんの部屋はどちらですか。……3階です。

　　4）うちはどちらですか。……大阪です。

5. 1）サントスさんのお国はどちらですか。……ブラジルです。

　　2）ワットさんのお国はどちらですか。……イギリスです。

　　3）シュミットさんのお国はどちらですか。……ドイツです。

　　4）カリナさんのお国はどちらですか。……インドネシアです。

6. 1）サントスさんの会社はどちらですか。……ブラジルエアーです。

　　2）ワットさんの大学はどちらですか。……さくら大学です。

　　3）シュミットさんの会社はどちらですか。……パワー電気です。

　　4）カリナさんの大学はどちらですか。……富士大学です。

7. 1）これはどこのワインですか。……フランスのワインです。

　　2）これはどこのカメラですか。……日本のカメラです。

　　3）これはどこのコンピューターですか。……アメリカのコンピューターです。

　　4）これはどこの車ですか。……ドイツの車です。

8. 1）このワインはいくらですか。……3,200（さんぜんにひゃく）円です。

　　2）このカメラはいくらですか。……25,800（にまんごせんはっぴゃく）円です。

　　3）このコンピューターはいくらですか。……143,000（じゅうよんまんさんぜん）円です。

　　4）この車はいくらですか。

　　　……4,500,000（よんひゃくごじゅうまん）円です。

練習C

1. 1）エレベーター　2）かばん売り場

2. 1）ドイツ／ベルリン　2）インドネシア／ジャカルタ

3. 1）ネクタイ／イタリア／7,300円　2）時計／スイス／188,000円

練習 B

1．1）7時半です。　2）12時15分です。　3）2時45分です。　4）10時20分です。
2．1）ペキンは今何時ですか。……午後5時です。
　　2）バンコクは今何時ですか。……午後4時です。
　　3）ロンドンは今何時ですか。……午前9時です。
　　4）ロサンゼルスは今何時ですか。……午前1時です。
3．1）あしたは何曜日ですか。……水曜日です。
　　2）会議は何曜日ですか。……金曜日です。
　　3）試験は何曜日ですか。……木曜日です。
　　4）休みは何曜日ですか。……土曜日と日曜日です。
4．1）郵便局は何時から何時までですか。……9時から5時までです。
　　2）デパートは何時から何時までですか。……10時から8時半までです。
　　3）図書館は何時から何時までですか。……9時から6時半までです。
　　4）会社は何時から何時までですか。……9時15分から5時45分までです。
5．1）毎晩何時に寝ますか。……11時に寝ます。
　　2）あした何時に起きますか。……6時半に起きます。
　　3）今晩何時に寝ますか。……12時に寝ます。
　　4）日曜日何時に起きますか。……10時に起きます。
6．1）毎日何時から何時まで働きますか。……9時半から5時半まで働きます。
　　2）昼何時から何時まで休みますか。……12時から1時まで休みます。
　　3）土曜日何時から何時まで働きますか。……9時から2時まで働きます。
　　4）毎朝何時から何時まで勉強しますか。……7時から8時まで勉強します。
7．1）毎日勉強します。　2）きのうの晩働きました。　3）あさって勉強します。
　　4）おととい働きました。
8．1）いいえ、働きません。　2）はい、勉強します。　3）はい、勉強しました。
　　4）いいえ、働きませんでした。
9．1）毎晩何時に寝ますか。……11時に寝ます。
　　2）けさ何時に起きましたか。……7時半に起きました。
　　3）毎日何時から何時まで働きますか。……10時から6時まで働きます。
　　4）きのうの晩何時から何時まで勉強しましたか。
　　　……7時から8時半まで勉強しました。

練習 C

1．1）郵便局／9時から4時まで／土曜日と日曜日
　　2）みどり図書館／9時から6時まで／木曜日
2．1）会議／1時／2時半　2）映画／4時／6時
3．1）1時半／2時　2）2時／2時半

第5課
練習B

1. 1) 郵便局へ行きます。　2) デパートへ行きます。　3) 銀行へ行きます。
   4) 美術館へ行きます。
2. 1) 先月どこへ行きましたか。……アメリカへ行きました。
   2) きのうの午後どこへ行きましたか。……図書館へ行きました。
   3) 来週の月曜日どこへ行きますか。……パワー電気へ行きます。
   4) 先週の日曜日どこへ行きましたか。……どこ[へ]も行きませんでした。
3. 1) 何で学校へ行きますか。……自転車で行きます。
   2) 何で東京へ行きますか。……飛行機で行きます。
   3) 何で九州へ行きますか。……船で行きます。
   4) 何で駅へ行きますか。……歩いて行きます。
4. 1) だれと美術館へ行きますか。……彼女と行きます。
   2) だれと広島へ行きますか。……会社の人と行きます。
   3) だれと北海道へ行きますか。……家族と行きます。
   4) だれとフランスへ行きますか。……一人で行きます。
5. 1) いつさくら大学へ行きますか。……9月14日に行きます。
   2) いつアメリカへ行きますか。……来年の3月に行きます。
   3) いつ広島へ行きますか。……来月行きます。
   4) いつ病院へ行きますか。……今週の水曜日[に]行きます。
6. 1) 一人で来ました。　2) 韓国へ行きました。　3) 船で行きました。
   4) 来年[の]12月に帰ります。
7. 1) バスと電車で行きます。　2) 8時に帰ります。　3) 木村さんと行きました。
   4) どこ[へ]も行きません。
8. 1) 山田さんの誕生日はいつですか。　……3月27日です。
   2) カリナさんの誕生日はいつですか。　……4月10日です。
   3) サントスさんの誕生日はいつですか。　……11月9日です。
   4) マリアさんの誕生日はいつですか。　……9月1日です。

練習C
1. 1) 美術館／休みます　2) 京都／働きます
2. 1) 家族／車　2) 彼女／飛行機
3. 1) インドネシア／先月の10日　2) タイ／先週の月曜日

第6課
練習B
1. 1）水を飲みます。　2）本を読みます。　3）手紙を書きます。
　　4）写真を撮ります。
2. 1）いいえ、飲みません。　2）はい、勉強します。　3）はい、読みました。
　　4）いいえ、見ませんでした。
3. 1）何を勉強しますか。……日本語を勉強します。
　　2）何を飲みますか。……ジュースを飲みます。
　　3）何を食べましたか。……魚を食べました。
　　4）何を買いましたか。……雑誌とCDを買いました。
4. 1）きょうの午後何をしますか。……レポートを書きます。
　　2）今晩何をしますか。……テレビを見ます。
　　3）きのう何をしましたか。……勉強しました。
　　4）おととい何をしましたか。……デパートへ行きました。
5. 1）どこでミラーさんに会いますか。……駅で会います。
　　2）どこで昼ごはんを食べますか。……会社の食堂で食べます。
　　3）どこで牛乳を買いましたか。……スーパーで買いました。
　　4）どこで日本語を勉強しましたか。……大学で勉強しました。
6. 1）あした何をしますか。……IMCで働きます。それから日本語を勉強します。
　　2）来週の土曜日何をしますか。
　　　……神戸でごはんを食べます。それから映画を見ます。
　　3）きのうの午後何をしましたか。
　　　……ロビーでテレビを見ました。それから手紙を書きました。
　　4）先週の日曜日何をしましたか。
　　　……庭でサッカーをしました。それからビールを飲みました。
7. 1）いっしょに昼ごはんを食べませんか。……ええ、食べましょう。
　　2）いっしょにコーヒーを飲みませんか。……ええ、飲みましょう。
　　3）いっしょに映画を見ませんか。……ええ、見ましょう。
　　4）いっしょにテニスをしませんか。……ええ、しましょう。

練習C
1. 1）日本語を勉強し／友達に会い
　　2）宿題をし／サントスさんのうちへ行き
2. 1）魚を買い／毎日屋／買い／大阪デパート／大阪デパート／買い
　　2）昼ごはんを食べ／会社（会社の食堂）／食べ／つるや／つるや／食べ
3. 1）昼ごはんを食べ　2）映画を見

第7課
練習B

1. 1) ボールペンで手紙を書きます。　2) はさみで紙を切ります。
   3) 手でごはんを食べます。　4) ケータイで写真を撮ります。
2. 1) これは日本語で何ですか。……「パンチ」です。
   2) これは日本語で何ですか。……「セロテープ」です。
   3) これは日本語で何ですか。……「ホッチキス」です。
   4) これは日本語で何ですか。……「消しゴム」です。
3. 1) イーさんに本を貸します。　2) 太郎ちゃんに英語を教えます。
   3) 母に手紙を書きます。　4) シュミットさんに電話をかけます。
4. 1) カリナさんにCDを借りました。　2) ワンさんに中国語を習いました。
   3) 木村さんにメールをもらいました。　4) サントスさんに電話をもらいました。
5. 1) だれに手紙を書きましたか。……父に書きました。
   2) だれに電話をかけましたか。……グプタさんにかけました。
   3) だれにプレゼントをもらいましたか。……母にもらいました。
   4) だれにお金を借りましたか。……山田さんに借りました。
6. 1) ネクタイと本をもらいました。　2) アメリカの大学で習いました。
   3) あした送ります。　4) 友達に借りました。
7. 1) もう宿題をしましたか。……いいえ、まだです。
   2) もう京都へ行きましたか。……はい、もう行きました。
   3) ミラーさんはもう帰りましたか。……いいえ、まだです。
   4) テレーザちゃんはもう寝ましたか。……はい、もう寝ました。

練習C

1. 1) ホッチキス　2) セロテープ
2. 1) シャツ／友達　2) ネクタイ／彼女
3. 1) 昼ごはんを食べました／食べません　2) 宿題をしました／しません

第8課
練習B

1. 1) サントスさんは元気です。　2) カリナさんはきれいです。
   3) 富士山は高いです。　4) 8月は暑いです。
2. 1) イーさんは暇じゃありません。
   2) ワンさんの部屋はきれいじゃありません。
   3) 大学の寮は便利じゃありません。　4) IMCは有名じゃありません。
3. 1) ミラーさんは忙しくないです。　2) 日本語は易しくないです。
   3) このお茶は熱くないです。　4) この辞書はよくないです。
4. 1) あのレストランは静かですか。……いいえ、静かじゃありません。

2) 会社の食堂は安いですか。……はい、安いです。

3) そのパソコンはいいですか。……いいえ、あまりよくないです。

4) その手帳は便利ですか。……はい、とても便利です。

5. 1) 会社の寮はどうですか。……新しいです。そして、きれいです。

2) 先生はどうですか。……親切です。そして、おもしろいです。

3) 日本の食べ物はどうですか。……おいしいですが、高いです。

4) 日本の生活はどうですか。……忙しいですが、おもしろいです。

6. 1) IMCは新しい会社です。　2) 神戸病院は有名な病院です。

3) ワットさんはいい先生です。　4) 富士山はきれいな山です。

7. 1) 「七人の侍」はどんな映画ですか。……おもしろい映画です。

2) サントスさんはどんな人ですか。……親切な人です。

3) さくら大学はどんな大学ですか。……新しい大学です。

4) スイスはどんな国ですか。……きれいな国です。

8. 1) 冷たい牛乳を飲みました。　2) きのうの晩有名なレストランで食べました。

3) 誕生日にすてきなプレゼントをもらいました。

4) 友達に新しいCDを借りました。

練習C

1. 1) 日本語の勉強／難しい／おもしろい（楽しい）　2) 大学の寮／小さい／きれい

2. 1) 靴／黒い／靴　2) シャツ／白い／シャツ

3. 1) 長崎／おもしろい　2) 奈良公園／静かな

第9課
練習B

1. 1) 日本料理が好きですか。……はい、好きです。

2) カラオケが好きですか。……いいえ、あまり好きじゃありません。

3) 旅行が好きですか。……はい、とても好きです。

4) 魚が好きですか。……いいえ、あまり好きじゃありません。

2. 1) どんな飲み物が好きですか。……ビールが好きです。

2) どんな料理が好きですか。……インド料理が好きです。

3) どんな映画が好きですか。……アメリカの映画が好きです。

4) どんな音楽が好きですか。……ジャズが好きです。

3. 1) マリアさんはダンスが上手です。

2) 松本さんはテニスが上手じゃありません。

3) 山田さんは料理があまり上手じゃありません。

4) カリナさんは絵がとても上手です。

4. 1) シュミットさんは英語がわかりますか。……はい、よくわかります。

2）テレーザちゃんは漢字がわかりますか。……いいえ、あまりわかりません。

3）サントスさんは日本語がわかりますか。……はい、だいたいわかります。

4）山田さんの奥さんはフランス語がわかりますか。

……いいえ、全然わかりません。

5．1）辞書がありますか。……はい、あります。

2）名刺がありますか。……いいえ、ありません。

3）傘がありますか。……いいえ、ありません。

4）細かいお金がありますか。……はい、あります。

6．1）わたしは日曜日試験があります。

2）わたしは火曜日用事があります。

3）わたしは水曜日アルバイトがあります。

4）わたしは金曜日時間があります。

7．1）映画が好きですから、毎晩見ます。

2）日本語がわかりませんから、テレビを見ません。

3）妻の誕生日ですから、花を買います。

4）お金がありませんから、カメラを買いません。

8．1）どうして料理を習いますか。……料理が下手ですから。

2）どうしてご主人はテニスをしませんか。……夫はスポーツが嫌いですから。

3）どうしてタイ語の本を買いましたか。……来月タイへ行きますから。

4）どうしてきのう神戸へ行きませんでしたか。……仕事がたくさんありましたから。

練習C

1．1）テニス／し　2）絵／美術館へ行き

2．1）細かいお金／100円　2）辞書／ちょっと

3．1）野球／用事　2）歌舞伎／約束

第10課

練習B

1．1）ロビーに自動販売機があります。　2）レストランに山田さんがいます。

3）公園に木があります。　4）受付に男の人がいます。

2．1）いすの下に猫がいます。　2）店の前に車があります。

3）木の上に男の子がいます。　4）冷蔵庫の中にいろいろな物があります。

3．1）ベッドの下に何がありますか。……箱があります。

2）部屋にだれがいますか。……女の子がいます。

3）窓の右に何がありますか。……棚があります。

4）庭にだれがいますか。……だれもいません。

4．1）自転車はどこにありますか。……車の上にあります。

2）男の子はどこにいますか。……ドアのうしろにいます。

3) 写真はどこにありますか。……本の下にあります。
4) 犬はどこにいますか。…… 男の子と 女の子の 間にいます。
5. 1) レストランはどこにありますか。……事務所の 隣にあります。
2) 象はどこにいますか。……あの山のうしろにいます。
3) 自動販売機はどこにありますか。……事務所の 近くにあります。
4) お土産屋はどこにありますか。……大きい時計の 左（隣）にあります。

練習C
1. 1) コンビニ／ 隣　2) ポスト／前
2. 1) 傘／傘／ドアの右　2) ATM／ATM／あの棚のうしろ
3. 1) 松本さん／ワットさんの 隣　2) マリアさん／あのテーブルの右

第11課
練習B
1. 1) いすがいくつありますか。……1つあります。
2) 卵がいくつありますか。……4つあります。
3) かばんがいくつありますか。……2つあります。
4) 部屋がいくつありますか。……6つあります。
2. 1) CDが何枚ありますか。……5枚あります。
2) コンピューターが何台ありますか。……3台あります。
3) 封筒が何枚ありますか。……2枚あります。
4) 車が何台ありますか。……5台あります。
3. 1) 写真を何枚撮りましたか。……5枚撮りました。
2) 自転車を何台買いましたか。……2台買いました。
3) みかんをいくつ食べましたか。……5つ食べました。
4) 荷物をいくつ送りましたか。……9つ送りました。
4. 1) 男の人が何人いますか。……9人います。
2) 子どもが何人いますか。……2人います。
3) 女の子が何人いますか。……1人います。
4) 学生が何人いますか。……4人います。
5. 1) 1日に何回彼女に電話をかけますか。……2回かけます。
2) 1週間に何回日本語を習いますか。……3回習います。
3) 1か月に何回東京へ行きますか。……1回行きます。
4) 1年に何回国へ帰りますか。……1回帰ります。
6. 1) 大学で何年勉強しますか。……4年勉強します。
2) 何週間旅行しましたか。……2週間旅行しました。
3) コンビニで何時間アルバイトをしますか。……5時間［アルバイトを］します。
4) 何分休みますか。……10分だけ休みます。

7. 1) これからどのくらい日本にいますか。……2週間います。
   2) 今までどのくらい中国語を習いましたか。……1年ぐらい習いました。
   3) 昼どのくらい休みますか。……45分休みます。
   4) 毎日どのくらい働きますか。……8時間働きます。

練習C

1. 1) カレー／3つ　2) アイスクリーム／4つ
2. 1) 妻／子ども／2人　2) 両親／妹／1人
3. 1) 船／船／16時間　2) 車／車／10時間

第12課
練習B

1. 1) おとといは雨でした。　2) 図書館は休みでした。　3) 先週は暇でした。
   4) 奈良公園は静かでした。
2. 1) 先月は忙しかったです。　2) お祭りは楽しかったです。
   3) 去年の冬は暖かかったです。　4) 公園は人が多かったです。
3. 1) お祭りはにぎやかでしたか。……はい、とてもにぎやかでした。
   2) 試験は簡単でしたか。……いいえ、簡単じゃありませんでした。
   3) 歌舞伎はおもしろかったですか。……はい、おもしろかったです。
   4) コンサートはよかったですか。……いいえ、あまりよくなかったです。
4. 1) 天気はどうでしたか。……曇りでした。
   2) タイ料理はどうでしたか。……辛かったです。
   3) 北海道はどうでしたか。　……あまり寒くなかったです。
   4) ホテルの部屋はどうでしたか。……とてもすてきでした。
5. 1) このかばんはそのかばんより重いです。
   2) 牛肉はとり肉より高いです。
   3) ホンコンはシンガポールより近いです。
   4) ミラーさんはサントスさんよりテニスが上手です。
6. 1) ひらがなとかたかなとどちらが難しいですか。
      ……かたかなのほうが難しいです。
   2) 大きいみかんと小さいみかんとどちらが甘いですか。
      ……小さいみかんのほうが甘いです。
   3) お父さんとお母さんとどちらが料理が上手ですか。
      ……父のほうが上手です。
   4) 春と秋とどちらが好きですか。
      ……どちらも好きです。
7. 1) スポーツで何がいちばんおもしろいですか。
      ……サッカーがいちばんおもしろいです。

２）１年でいつがいちばん暑いですか。

　　……８月がいちばん暑いです。

３）家族でだれがいちばん歌が上手ですか。

　　……母がいちばん上手です。

４）スーパーでどこがいちばん安いですか。

　　……ＡＢＣストアがいちばん安いです。

練習Ｃ

1. 1）歌舞伎を見ました／とてもきれいでした
   2）生け花をしました／ちょっと 難 しかったです
2. 1）飲み物／ビール／ワイン／ビール　2）紅茶／レモン／ミルク／レモン
3. 1）８月／８月／北海道の夏（８月）は涼しいです　2）秋／秋／紅葉の季節です（北海道の紅葉はきれいです）

第13課
練習Ｂ

1. 1）わたしはコンピューター（パソコン）が欲しいです。
   2）わたしは 車 が欲しいです。
   3）わたしはお金が欲しいです。
   4）わたしは彼女が欲しいです。
2. 1）どんな 車 が欲しいですか。……赤い 車 が欲しいです。
   2）どんな靴が欲しいですか。……アキックスの靴が欲しいです。
   3）どんな時計が欲しいですか。……日本の時計が欲しいです。
   4）どんなうちが欲しいですか。……広いうちが欲しいです。
3. 1）北海道へ行きたいです。　2）ビールを飲みたいです。
   3）映画を見たいです。　4）サッカーをしたいです。
4. 1）いつ北海道へ行きたいですか。……２月に行きたいです。
   2）何を習いたいですか。……生け花を習いたいです。
   3）だれに会いたいですか。…… 両 親に会いたいです。
   4）何を食べたいですか。……何も食べたくないです。
   5）どんな本を読みたいですか。……旅行の本を読みたいです。
5. 1）デパートへお土産を買いに行きます。　2）コンビニへ荷物を送りに行きます。
   3）図書館へ本を借りに行きます。　4）駅へ友達を迎えに行きます。
6. 1）横浜へ買い物に行きます。　2）ホテルへ 食 事に行きます。
   3）川へ釣りに行きます。　4）沖縄へ旅行に行きます。
7. 1）どこへ泳ぎに行きますか。……ホテルのプールへ泳ぎに行きます。
   2）どこへお土産を買いに行きますか。……デパートへ買いに行きます。
   3）どこへ絵を見に行きますか。……奈良の美 術 館へ見に行きます。

4）どこへ 食事に行きますか。……インド 料理のレストランへ 食事に行きます。
8. 1）何を買いに行きますか。……靴を買いに行きます。
   2）だれに会いに行きますか。……カリナさんに会いに行きます。
   3）何時に（ごろ）子どもを迎えに行きますか。……2時ごろ迎えに行きます。
   4）いつ旅行に行きますか。……来月旅行に行きます。

練習C

1. 1）休み／毎日忙しいです　2）お金／来年結婚します
2. 1）おなかがすきました／何か食べ／何か食べ
   2）疲れました／ちょっと休み／ちょっと休み
3. 1）春休み／京都／お花見　2）お正月／北海道／スキー

第14課
練習B

1. 1）荷物（かばん）を開けてください。
   2）これをコピーしてください。
   3）まっすぐ行ってください。
   4）レポートを書いてください。
2. 1）すみませんが、エアコンをつけてください。
   2）すみませんが、ドアを閉めてください。
   3）すみませんが、写真を撮ってください。
   4）すみませんが、もう少しゆっくり話してください。
3. 1）どうぞ入ってください。　2）どうぞ座ってください。
   3）どうぞ食べてください。　4）どうぞ使ってください。
4. 1）地図をかきましょうか。……ええ、お願いします。
   2）荷物を持ちましょうか。……いいえ、けっこうです。
   3）エアコンをつけましょうか。……ええ、お願いします。
   4）駅まで迎えに行きましょうか。……いいえ、けっこうです。
5. 1）これをコピーしましょうか。……ええ、5枚コピーしてください。
   2）レポートを送りましょうか。……ええ、すぐ送ってください。
   3）タクシーを呼びましょうか。……ええ、2台呼んでください。
   4）あしたも来ましょうか。……ええ、10時に来てください。
6. 1）何をしていますか。……電話をかけています。
   2）何をしていますか。……コーヒーを飲んでいます。
   3）何をしていますか。……ダンスをしています。
   4）何をしていますか。……バスを待っています。
7. 1）子どもと遊んでいます。　2）木の下で寝ています。
   3）新聞を読んでいます。　4）シュミットさんと話しています。

5）いいえ、釣りをしていません。（ミラーさんと話しています。）
6）いいえ、降っていません。

1．1）砂糖を取って／はい、どうぞ　2）手伝って／いいですよ
2．1）［ちょっと］寒いです／エアコンを消し　2）雨です／タクシーを呼び
3．1）お土産を買って　2）絵をかいて

第15課

練習B

1．1）帰ってもいいですか。　2）テレビを消してもいいですか。
　　3）辞書を借りてもいいですか。　4）窓を開けてもいいですか。
2．1）ここに座ってもいいですか。……ええ、いいですよ。　どうぞ。
　　2）荷物を置いてもいいですか。……すみません。　ちょっと……。
　　3）資料を見てもいいですか。……すみません。　ちょっと……。
　　4）ボールペンを使ってもいいですか。……ええ、いいですよ。　どうぞ。
3．1）ここで写真を撮ってはいけません。
　　2）ここでサッカーをしてはいけません。
　　3）ここに車を止めてはいけません。
　　4）ここに入ってはいけません。
4．1）いいえ、結婚していません。　2）はい、寮に住んでいます。
　　3）はい、持っています。　4）いいえ、知りません。
5．1）コンピューターソフトを作っています。　2）古い服を売っています。
　　3）パワー電気のコンピューターを使っています。　4）沖縄で造っています。
6．1）イーさんは何を研究していますか。
　　　……経済を研究しています。
　　2）山田友子さんはどこで働いていますか。
　　　……アップル銀行で働いています。
　　3）カリナさんは何を勉強していますか。……美術を勉強しています。
　　4）ワットさんはどこで教えていますか。……さくら大学で教えています。

練習C

1．1）地図　2）時刻表
2．1）さくら大学の住所／ここに書いて（教えて）
　　2）市役所の電話番号／ここに書いて（教えて）
3．1）ワット／イギリス／教師／大学で英語を教えて
　　2）カリナ／インドネシア／学生／富士大学で勉強して

第16課
練習B

1. 1）昼1時間休んで、午後5時まで働きます。
   2）京都駅からJRに乗って、大阪で地下鉄に乗り換えます。
   3）市役所と銀行へ行って、うちへ帰りました。
   4）サンドイッチを買って、公園で食べました。
2. 1）新聞を読んで、コーヒーを飲んで、それから会社へ行きました。
   2）食事[を]して、うちへ帰って、それから日本語を勉強しました。
   3）シャワーを浴びて、本を読んで、それから寝ました。
3. 1）お金を下ろしてから、買い物に行きます。
   2）きのう仕事が終わってから、飲みに行きました。
   3）日本へ来てから、日本語の勉強を始めました。
   4）お金を入れてから、ボタンを押してください。
4. 1）いいえ、まだです。この仕事が終わってから、食べます。
   2）いいえ、まだです。メールを送ってから、電話します。
   3）いいえ、まだです。松本さんに見せてから、コピーします。
   4）いいえ、まだです。午後の会議が終わってから、行きます。
5. 1）北海道は人が少ないです。　2）北海道は冬が長いです。
   3）北海道は食べ物がおいしいです。　4）北海道は雪祭りが有名です。
6. 1）わたしの部屋は狭くて、暗いです。
   2）沖縄の海は青くて、きれいです。
   3）東京はにぎやかで、おもしろいです。
   4）ワットさんは45歳で、独身です。
7. 1）頭がよくて、おもしろい人です。
   2）元気で、親切な人です。
   3）広くて、明るいです。　4）静かで、サービスがよかったです。
8. 1）あの若くて、背が高い人です。　2）あのダンスが上手で、すてきな人です。
   3）あの黒くて、古いかばんです。　4）あの赤くて、小さいかばんです。

練習C

1. 1）美術館へ行って／[公園を]散歩し　2）古い神社を見て／お土産を買い
2. 1）大学を出て　2）会社に入って
3. 1）メキシコのベラクルス／ベラクルス／海が近くて　2）ドイツのフランケン／フランケン／ワインが有名で

第17課
練習B

1. 1）ここに車を止めないでください。

2）ここに入らないでください。

3）ここで写真を撮らないでください。

4）ここで野球をしないでください。

2．1）危ないですから、押さないでください。

2）大切な資料ですから、なくさないでください。

3）図書館の本ですから、何も書かないでください。

4）大丈夫ですから、心配しないでください。

3．1）あした病院へ行かなければなりません。

2）パスポートを見せなければなりません。

3）毎朝5時に起きなければなりません。

4）土曜日までに本を返さなければなりません。

4．1）何曜日までにその本を返さなければなりませんか。

……水曜日までに返さなければなりません。

2）何枚レポートを書かなければなりませんか。

……15枚書かなければなりません。

3）1日に何回薬を飲まなければなりませんか。

……3回飲まなければなりません。

4）毎日いくつ漢字を覚えなければなりませんか。

……6つ覚えなければなりません。

5．1）急がなくてもいいです。　2）きょうは食事を作らなくてもいいです。

3）あしたは病院へ来なくてもいいです。　4）傘を持って行かなくてもいいです。

6．1）熱がありますから、病院へ行かなければなりません。

2）あしたは休みですから、早く起きなくてもいいです。

3）会社の人は英語がわかりませんから、日本語で話さなければなりません。

4）あまり暑くないですから、エアコンをつけなくてもいいです。

7．1）はい、持って行かなければなりません。　2）いいえ、書かなくてもいいです。

3）はい、払わなければなりません。　4）いいえ、来なくてもいいです。

8．1）答えは鉛筆で書いてください。　2）たばこは外で吸ってください。

3）お金は受付で払ってください。　4）保険証は来月持って来てください。

練習C

1．1）2、3時間／食べ　2）1週間ぐらい／お酒を飲ま

2．1）野球をし／レポートを書か　2）サッカーを見／空港へ友達を迎えに行か

3．1）上着／脱いで／下着／脱が　2）このカード／持って来て／保険証／持って来

第18課
練習B

1．1）ミラーさんは運転ができます。　2）ミラーさんは料理ができます。

3）ミラーさんはサッカーができます。　4）ミラーさんはダンスができます。

2．1）ピアノを弾くことができますか。……はい、できます。

　　2）日本語を話すことができますか。……いいえ、できません。

　　3）泳ぐことができますか。……はい、できます。

　　4）ビールを飲むことができますか。……いいえ、できません。

3．1）何メートルぐらい泳ぐことができますか。

　　　　……100メートルぐらい泳ぐことができます。

　　2）どんな料理を作ることができますか。……てんぷらを作ることができます。

　　3）漢字をいくつ書くことができますか。……50ぐらい書くことができます。

　　4）日本の歌で何を歌うことができますか。……「故郷」を歌うことができます。

4．1）寮の部屋で料理ができますか。……いいえ、できません。

　　2）インターネットでホテルの予約ができますか。……はい、できます。

　　3）図書館で辞書を借りることができますか。……いいえ、できません。

　　4）ホテルからバスで空港へ行くことができますか。……はい、できます。

5．1）この車に何人乗ることができますか。……8人乗ることができます。

　　2）いつ北海道で桜を見ることができますか。……5月に見ることができます。

　　3）何日本を借りることができますか。……2週間借りることができます。

　　4）何時から何時まで会議室を使うことができますか。

　　　　……9時から6時まで使うことができます。

6．1）趣味は何ですか。……映画を見ることです。

　　2）趣味は何ですか。……写真を撮ることです。

　　3）趣味は何ですか。……歌を歌うことです。

　　4）趣味は何ですか。……車を運転することです。

7．1）ごはんを食べる（食事の）まえに、手を洗います。

　　2）泳ぐまえに、シャワーを浴びます。　3）友達のうちへ行くまえに、電話をかけま
す。　4）[外国へ]旅行に行くまえに、お金を換えます。

8．1）いつジョギングをしますか。……会社へ行くまえに、します。

　　2）いつそのカメラを買いましたか。……日本へ来るまえに、買いました。

　　3）いつ資料をコピーしますか。……会議のまえに、コピーします。

　　4）いつ国へ帰りますか。……クリスマスのまえに、帰ります。

　　5）いつ日本へ来ましたか。……5年まえに、来ました。

　　6）いつ荷物を送りましたか。……3日まえに、送りました。

練習C

1．1）庭／食事する／中　2）ここ／お金を払う／あちら

2．1）歌を歌う／歌を歌います／ビートルズの歌

　　2）絵をかく／絵をかきます／山の絵

3．1）レポート／IMCに送り／送る／課長に見せて

2) カタログ／捨て／捨てる／ここをコピーして

第19課
練習B

1. 1) 富士山に登ったことがあります。　2) 相撲を見たことがあります。
　　3) お酒を飲んだことがあります。　4) スキーをしたことがあります。
2. 1) お茶を習ったことがありますか。……はい、あります。
　　2) 東京スカイツリーに上ったことがありますか。……いいえ、ありません。
　　3) 日本人のうちに泊まったことがありますか。……はい、あります。
　　4) インドネシア料理を食べたことがありますか。……いいえ、一度もありません。
3. 1) 夜はおふろに入ったり、テレビを見たりします。
　　2) 休みの日は買い物したり（買い物に行ったり）、子どもと遊んだりします。
　　3) きのうは本を読んだり、レポートを書いたりしました。
　　4) 去年の夏休みは海で泳いだり、山に登ったりしました。
4. 1) ゴルフの練習をしたり、うちで本を読んだりします。
　　2) お寺を見たり、日本料理を食べたりしました。
　　3) スキーに行ったり、友達とパーティーをしたりしたいです。
　　4) 資料を作ったり、ホテルを予約したりしなければなりません。
5. 1) 暗くなりました。　2) 強くなりました。　3) 眠くなりました。
　　4) きれいになりました。　5) 上手になりました。　6) 部長になりました。

練習C

1. 1) 歌舞伎を見た／見ました／きれいでした／眠かったです
　　2) すき焼きを食べた／食べました／おいしかったです／甘かったです
2. 1) 山に登った／海で泳いだ　2) 絵をかいた／音楽を聞いた
3. 1) 寒く／冬／スキーに行き　2) 暖かく／春／[お]花見に行き（[お]花見をし）

第20課
練習B

1. 1) あしたまた来る。　2) きょうは何も買わない。　3) 少し疲れた。
　　4) きのう日記を書かなかった。
2. 1) 日本語の勉強はおもしろい。　2) この辞書はよくない。
　　3) けさは頭が痛かった。　4) きのうのパーティーは楽しくなかった。
3. 1) カリナさんは絵が上手だ。　2) きょうは休みじゃない。
　　3) きのうは雨だった。　4) 先週の土曜日は暇じゃなかった。
4. 1) もう一度歌舞伎を見たい。　2) 電話番号を調べなければならない。
　　3) きのうは映画を見たり、音楽を聞いたりした。　4) この電話を使ってもいい。
　　5) ワンさんは神戸病院で働いている。　6) 漢字を読むことができない。

7) あしたまでにレポートを出さなくてもいい。　8) 富士山を見たことがない。

5. 1) ビザが要る？……ううん、要らない。
　2) けさ新聞を読んだ？……うん、読んだ。
　3) 日曜日どこか行った？……ううん、どこも行かなかった。
　4) いつ木村さんに会う？……今月の終わりごろ会う。

6. 1) 東京は大阪より人が多い？……うん、ずっと多い。
　2) あの店はサービスがいい？……ううん、あまりよくない。
　3) 映画はおもしろかった？……ううん、全然おもしろくなかった。
　4) 旅行でどこがいちばん楽しかった？……イタリアがいちばん楽しかった。

7. 1) 今何時？……5時40分。　2) きょうデパートは休み？…ううん、休みじゃない。
　3) 犬と猫とどっちが好き？……猫のほうが好き。
　4) 富士山はどうだった？……きれいだった。

8. 1) 今雨が降っている？……うん、降っている。
　2) 佐藤さんの住所を知っている？……ううん、知らない。
　3) 九州へ行ったことがある？……ううん、ない。
　4) 自転車を修理することができる？……うん、できる。
　5) あしたも来なければならない？……ううん、来なくてもいい。
　6) 何を食べに行った？……タイ料理を食べに行った。
　7) どこに住んでいる？……京都に住んでいる。
　8) いつまでに本を返さなければならない？……来週の木曜日までに返さなければならない。

練習C

1. 1) お茶[を]習った／楽しかった／疲れた
　2) 沖縄の歌[を]聞いた／ことばがわからなかった／きれいだった
2. 1) チョコレート／スイスのチョコレート／食べ
　2) ジャズ／コンサートのチケット／行か
3. 1) 細かいお金[を]持って[い]る／貸して
　2) 漢字[が]わかる／このメール[を]読んで

第21課
練習B

1. 1) ミラーさんは9時に来ると思います。　2) マリアさんは運転しないと思います。
　3) 日曜日は人が多いと思います。　4) 「つるや」はあした休みだと思います。
2. 1) はい、帰ったと思います。　2) いいえ、たぶん売っていないと思います。
　3) きっと「ヨーネン」が勝つと思います。　4) あの箱の中だと思います。
3. 1) 山田さんはほんとうによく働くと思います。
　2) パワー電気の製品はデザインがいいと思います。

3）ミラーさんは時間の使い方が上手だと思います。

4）神戸病院はいい病院だと思います。

4. 1）いいえ、あまりおもしろくないと思います。

2）はい、とてもいい先生だと思います。

3）犬のほうが役に立つと思います。

4）奈良がいちばんきれいだと思います。

5. 1）日本のアニメについてどう思いますか。……おもしろいと思います。

2）日本の大学についてどう思いますか。……休みが多いと思います。

3）着物についてどう思いますか。……とてもきれいだと思います。

4）日本についてどう思いますか。……交通が便利だと思います。

6. 1）ガリレオは地球は動くと言いました。　2）アインシュタインはわたしは天才じゃ

ないと言いました。　3）フランクリンは時間はお金だと言いました。　4）ガガー

リンは地球は青かったと言いました。

7. 1）沖縄は海がきれいでしょう？　2）ワットさんの話はおもしろいでしょう？

3）木村さんはイーさんを知らないでしょう？

4）きのうサッカーの試合があったでしょう？

8. 1）ええ、ほんとうにすごいです。　2）いいえ、そんなに大変じゃありません。

3）いいえ、あまり寒くなかったです。　4）ええ、かわきました。

練習 C

1. 1）新しい空港／きれいです／交通が不便だ

2）最近の子ども／よく勉強します／あまり本を読まない

2. 1）中で飲み物を売っている　2）レストランは10時までだ

3. 1）京都／祇園祭／人が多かった／人が多かったです

2）吉野山／桜／きれいだった／きれいでした

第22課

練習 B

1. 1）これは母にもらったコートです。　2）これは京都で撮った写真です。

3）これはマリアさんが作ったケーキです。　4）これはカリナさんがかいた絵です。

2. 1）佐藤さんはどの人ですか。……コピーしている人です。

2）松本さんはどの人ですか。……新聞を読んでいる人です。

3）グプタさんはどの人ですか。……女の人と話している人です。

4）山田さんはどの人ですか。……コーヒーを飲んでいる人です。

3. 1）赤い靴をはいている人はだれですか。……林さんです。

2）赤いネクタイをしている人はだれですか。……鈴木さんです。

3）眼鏡をかけている人はだれですか。……高橋さんです。

4）帽子をかぶっている人はだれですか。……中村さんです。

4. 1）初めて主人に会った所は大学の図書館です。
   2）先週見学したお寺は金閣寺です。
   3）ワンさんが働いている病院は神戸にあります。
   4）木村さんが毎朝お弁当を買うコンビニは駅の前にあります。
5. 1）わたしがいつも買い物するスーパーは野菜が安いです。
   2）よく寝る子どもは元気です。
   3）きのう見た映画はとてもよかったです。
   4）きのうわたしたちが行ったお寺はきれいで、静かでした。
6. 1）奈良で撮った写真を見せてください。　2）要らない物を捨てます。
   3）病院でもらった薬を飲まなければなりません。
   4）イーさんの隣に座っている人を知っていますか。
7. 1）ユーモアがある人が好きです。　2）料理を作るロボットが欲しいです。
   3）会社の人が話す日本語がわかりません。　4）パーティーで着る服が要ります。
8. 1）いいえ。市役所へ行く用事があります。
   2）いいえ。部長と食事する約束があります。
   3）いいえ。テレビを見る時間がありませんでした。
   4）いいえ。本を読む時間がありません。

練習C

1. 1）眼鏡をかけている／ワットさん／さくら大学の先生
   2）白い靴をはいている／松本さん／IMCの部長
2. 1）きのうコピーした資料　2）あしたIMCに送るレポート
3. 1）会社で働き／大きくて、あまり残業がない／会社で働き
   2）人と結婚し／友達が多くて、ユーモアがある／人と結婚し

第23課
練習B

1. 1）病院へ行くとき、保険証を忘れないでください。
   2）出かけるとき、いつも傘を持って行きます。
   3）漢字がわからないとき、この辞書を使います。
   4）時間がないとき、朝ごはんを食べません。
2. 1）寝るとき、「お休みなさい」と言います。
   2）朝友達に会ったとき、「おはようございます」と言います。
   3）プレゼントをもらったとき、「ありがとうございます」と言います。
   4）部長の部屋に入るとき、「失礼します」と言います。
3. 1）頭が痛いとき、この薬を飲みます。　2）暇なとき、ビデオを見ます。
   3）妻が病気のとき、会社を休みます。　4）晩ごはんのとき、ワインを飲みます。
4. 1）かぜのとき、どうしますか。……薬を飲んで、寝ます。

2）道がわからないとき、どうしますか。……ケータイで調べます。

3）眠いとき、どうしますか。……顔を洗います。

4）あしたの天気を知りたいとき、どうしますか。……インターネットで見ます。

5. 1）これを引くと、いすが動きます。　2）これに触ると、水が出ます。

3）これを左へ回すと、音が小さくなります。

4）これを右へ回すと、電気が明るくなります。

6. 1）市役所はどこですか。……あの角を右へ曲がると、左にあります。

2）美術館はどこですか。……あの交差点を左へ曲がると、右にあります。

3）駐車場はどこですか。……あの橋を渡ると、左にあります。

4）コンビニはどこですか。……まっすぐ50メートル行く（歩く）と、右にあります。

練習C

1. 1）友達が結婚する／お金や電気製品　2）子どもが生まれた／お金や服

2. 1）紙がない／あの箱から出します　2）故障の／ここに電話します

3. 1）コンビニ／コンビニ／1つ目の角を右へ曲がる　2）郵便局／郵便局／100
メートルぐらい行く（歩く）

第24課
練習B

1. 1）マリアさんは帽子をくれました。

2）イーさんは辞書をくれました。

3）シュミットさんはサッカーのチケットをくれました。

4）ミラーさんは花をくれました。

2. 1）すてきな帽子ですね。……ええ。マリアさんがくれました。

2）新しい辞書ですね。……ええ。イーさんがくれました。

3）サッカーのチケットですね。……ええ。シュミットさんがくれました。

4）きれいな花ですね。……ええ。ミラーさんがくれました。

3. 1）わたしはワンさんに写真を見せてもらいました。

2）わたしはタワポンさんに田中さんを紹介してもらいました。

3）わたしはワットさんに地図をかいてもらいました。

4）わたしはカリナさんに電話番号を教えてもらいました。

4. 1）だれに日本語を教えてもらいましたか。……小林先生に教えてもらいました。

2）だれに本を貸してもらいましたか。……佐藤さんに貸してもらいました。

3）だれに料理を手伝ってもらいましたか。
……山田さんに手伝ってもらいました。

4）だれに京都を案内してもらいましたか。
……木村さんに案内してもらいました。

5. 1）母はセーターを送ってくれました。

2）会社の人は大阪 城へ連れて行ってくれました。

3）友達は駅まで送ってくれました。

4）サントスさんは荷物を持ってくれました。

6. 1）だれがお金を払ってくれましたか。……山田さんが払ってくれました。

2）だれがチケットを予約してくれましたか。……小林さんが予約してくれました。

3）だれが写真を撮ってくれましたか。……ミラーさんが撮ってくれました。

4）だれが引っ越しを手伝ってくれましたか。……会社の人が手伝ってくれました。

7. 1）わたしはタワポンさんに友達を紹介してあげました。

2）わたしは太郎君に飛行機の雑誌を見せてあげました。

3）わたしはおばあさんを病院へ連れて行ってあげました。

4）わたしはテレーザちゃんの自転車を修理してあげました。

練習C

1. 1）ネクタイ／会社に入った／兄　2）時計／結婚した／父

2. 1）ケーキ／作って　2）料理／手伝って

3. 1）すき焼き／すき焼き／町について説明して　2）てんぷら／てんぷら／古いお寺へ
連れて行って

第25課
練習B

1. 1）駅まで歩いたら、30分かかります。　2）この薬を飲んだら、元気になります。

3）バスが来なかったら、タクシーで行きます。

4）意見がなかったら、終わりましょう。

2. 1）駅が近かったら、便利です。　2）暑かったら、エアコンをつけてください。

3）使い方が簡単だったら、買います。　4）航空便だったら、来週着きます。

3. 1）日曜日天気がよかったら、何をしますか。……釣りをします。

2）休みが1か月あったら、何をしますか。……世界を旅行します。

3）会議のとき、眠くなったらどうしますか。……コーヒーを飲みます。

4）買い物のとき、お金が足りなかったらどうしますか。……ATMで下ろします。

4. 1）駅に着いたら、電話をください。　2）仕事が終わったら、食事に行きましょう。

3）高校を出たら、留学したいです。　4）60歳になったら、仕事をやめます。

5. 1）覚えても、すぐ忘れます。　2）ボタンを押しても、水が出ません。

3）結婚しても、いっしょに住みません。　4）辞書で調べても、わかりません。

6. 1）眠くても、レポートを書かなければなりません。

2）旅行に行きたくても、時間がありません。

3）歌が下手でも、カラオケは楽しいです。

4）病気でも、病院へ行きません。

7. 1）いいえ、チャンスがあっても、外国に住みたくないです。

2）いいえ、暇でも、旅行に行きません。

3）いいえ、年を取ったら、働きたくないです。

4）いいえ、体の調子が悪かったら、勉強しません。

練習 C

1. 1）天気がよかった／ゴルフをし

   2）仕事が早く（5時に）終わった／ベトナム料理を食べ

2. 1）資料をコピーした／持って来て　2）グプタさんから電話があった／呼んで

3. 1）お花見／天気が悪くて／天気が悪かった

   2）テニスの試合／雨が降って／雨が降った

問題のスクリプト、解答例
第1課

🔊
CD02
1. 例：あなたは先生ですか。……例：いいえ、[わたしは]先生じゃありません。

   1）あなたはサントスさんですか。……例：いいえ、サントスじゃありません。

   2）お名前は？……例：マイク・ミラーです。

   3）何歳ですか。……例：28歳です。

   4）アメリカ人ですか。……例：はい、アメリカ人です。

   5）会社員ですか。……例：いいえ、会社員じゃありません。

🔊
CD03
2. 例：男：おはようございます。

   　　女：おはようございます。　　　　　　　　　　　　　　　　　　（②）

   1）女：こちらはパワー電気のシュミットさんです。

   　　男：初めまして。シュミットです。どうぞよろしく。　　　　　（①）

   2）女：お名前は？

   　　男：ワンです。

   　　女：アンさんですか。

   　　男：いいえ、ワンです。

   　　女：何歳ですか。

   　　男：29歳です。　　　　　　　　　　　　　　　　　　　　　　（③）

🔊
CD04
3. 例1：女　　：太郎ちゃんは何歳ですか。

   　　　男の子：8歳です。

   　　　★　太郎ちゃんは10歳です。　　　　　　　　　　　　　　（×）

   例2：女：サントスさんは先生ですか。

   　　　男：いいえ、先生じゃありません。会社員です。

   　　　★　サントスさんは会社員です。　　　　　　　　　　　　　（○）

   1）　男：初めまして。ミラーです。アメリカから来ました。

   　　　　どうぞよろしく。

   　　女：佐藤です。どうぞよろしく。

★　ミラーさんはアメリカ人です。　　　　　　　　（○）

2）　男：あの方はどなたですか。
　　　女：カリナさんです。
　　　男：先生ですか。
　　　女：いいえ、富士大学の学生です。
　　　★　カリナさんは富士大学の先生です。　　　（×）

3）　男：イーさんは研究者ですか。
　　　女：はい。
　　　男：ワンさんも研究者ですか。
　　　女：いいえ、ワンさんは医者です。
　　　★　ワンさんは研究者じゃありません。　　　（○）

4．1）ミラーさん　2）アメリカ人　3）アメリカ人　4）どなた（だれ）
　　5）何歳（おいくつ）

5．1）は　2）は／か　3）の　4）も

6．例：マイク・ミラー／アメリカ

第2課

1．1）これは手帳ですか。……はい、そうです。

2）これは「あ」ですか、「お」ですか。……「あ」です。

3）これは何ですか。……名刺です。

4）これは何の雑誌ですか。……車の雑誌です。

5）このかばんはあなたのですか。……いいえ、わたしのじゃありません。

2．1）女：はい。どなたですか。
　　　男：505のミラーです。
　　　　　ミラーです。これからお世話になります。どうぞよろしくお願いします。
　　　女：田中です。こちらこそよろしくお願いします。　　　（②）

2）男：あのう、これ、どうぞ。
　　女：えっ、何ですか。
　　男：チョコレートです。
　　女：どうもありがとうございます。　　　（①）

3．1）男：それは手帳ですか。
　　　女：いいえ、違います。
　　　男：何ですか。
　　　女：辞書です。
　　　★　これは手帳です。　　　（×）

2）男：木村さん、あの車は木村さんのですか。
　　女：はい、そうです。わたしのです。

3) 男：それはコンピューターの雑誌ですか。

　　女：いいえ、カメラの雑誌です。

　　男：そうですか。

　　　　★ これはコンピューターの雑誌じゃありません。 （ ○ ）

4. 1）何歳　2）先生　3）何　4）あなた

5. 1）それ　2）あれ　3）これ

6. 1）何　2）何　3）だれ

7. 1）それはわたしのかぎです。

　 2）この辞書はミラーさんのです。

　 3）その傘はだれのですか。

　 4）あれは先生の 机 です。

8. 1）お世話になります

　 2）どうぞ／どうもありがとうございます

第3課

CD10 1. 1）お国はどちらですか。……例：イギリスです。

　　 2）うちはどちらですか。……例：東京 です。

　　 3）あなたの時計はどこの時計ですか。……例：日本のです。

　　 4）あなたのカメラは日本のですか。……例：いいえ、日本のじゃありません。

　　 5）あなたのカメラはいくらですか。……例：16,500円です。

CD11 2. 1）男：すみません。事務所はどこですか。

　　　　女：あそこです。

　　　　男：食堂は？

　　　　女：そこです。

　　　　男：どうも。

　　　　　　★ 食堂はあそこです。 （ × ）

　　 2）男：すみません。佐藤さんはどちらですか。

　　　　女：佐藤さんは会議室です。

　　　　男：ミラーさんも会議室ですか。

　　　　女：はい、そうです。

　　　　男：どうも。

　　　　　　★ ミラーさんは会議室です。 （ ○ ）

　　 3）女：会社はどちらですか。

　　　　男：パワー電気です。

　　　　女：何の会社ですか。

　　　　男：コンピューターの会社です。

女：そうですか。
★　パワー電気はコンピューターの会社です。　　　　　　　　（○）
4）男：すみません。時計売り場はどこですか。
女：8階です。
男：どうも。
★　時計売り場は1階です。　　　　　　　　　　　　　　　　（×）
5）男：すみません。この時計はいくらですか。
女：23,600円です。
男：じゃ、これをください。
★　この時計は23,800円です。　　　　　　　　　　　　　　（×）

3. 1）そこ／会議室　2）あそこ／トイレ（お手洗い）　3）ここ／食堂
4）あそこ／事務所　5）そこ／教室

4. 1）これ　2）その／わたしの　3）あそこ　4）どこ

5. 1）どちら（どこ）　2）どこ（どちら）　3）何階（どこ）
4）どちら　5）どちら（どこ）　6）何　7）どこ
8）いくら

第4課

🔊 CD13
1. 1）今何時ですか。……例：10時です。
2）あなたの国の銀行は何時から何時までですか。……例：9時から3時までです。
3）毎日何時に起きますか。……例：6時に起きます。
4）きのう勉強しましたか。……例：はい、勉強しました。
5）あなたの電話番号は何番ですか。……例：020の3333の1887です。

🔊 CD14
2. 1）男：今何時ですか。
女：4時半です。
男：ロンドンは何時ですか。
女：午前7時半です。　　　　　　　　　　　　　　　　　　（①）
2）男：きのう何時に寝ましたか。
女：12時に寝ました。
男：けさ何時に起きましたか。
女：6時半に起きました。　　　　　　　　　　　　　　　　（③）

🔊 CD15
3. 1）女：ミラーさん、きのう何時まで働きましたか。
男：10時まで働きました。
女：きょうも10時まで働きますか。
男：いいえ、5時に終わります。
★　ミラーさんはきょう10時まで働きます。　　　　　　　　（×）
2）男：みどり図書館ですか。

女：はい、そうです。

男：すみません。休みは何曜日ですか。

女：月曜日です。

男：どうも。

★　月曜日図書館は休みです。　　　　　　　　　　　　　　　（○）

3）男：カリナさん、大学は何時からですか。

女：9時からです。

男：何時に終わりますか。

女：4時に終わります。

★　カリナさんは9時から5時まで勉強します。　　　　　　（×）

4．例：今9時半です。（　9：30　）

1）けさ7時半に起きました。（　7：30　）

2）会社は朝8時20分からです。（　午前　8：20　）

3）毎日9時から6時まで働きます。（　9：00～6：00　）

4）昼休みは12時15分から1時15分までです。（　12：15～1：15　）

5）田中さんのうちの電話番号は349の7865です。（　349-7865　）

6）美術館の電話番号は075の138の6697です。（　075-138-6697　）

7）この本は3,650円です。（　3,650　）

8）あのコンピューターは208,000円です。（　208,000　）

5．1）何時　2）何番　3）何曜日　4）何歳（おいくつ）　5）何時

6．1）×／に　2）から／まで　3）×　4）の　5）に　6）と

7．1）寝ました　2）休みます　3）勉強しました　4）起きます　5）働きません

8．1）休みました　2）働きません　3）勉強しませんでした　4）終わります

第5課

1．1）日曜日どこへ行きますか。……例：京都へ行きます。

2）何でスーパーへ行きますか。……例：自転車で行きます。

3）だれとスーパーへ行きますか。……例：一人で行きます。

4）きのうどこへ行きましたか。……例：どこも行きませんでした。

5）誕生日は何月何日ですか。……例：4月6日です。

2．1）女：ミラーさんは日曜日どこへ行きましたか。

男：奈良へ行きました。佐藤さんは？

女：どこも行きませんでした。　　　　　　　　　　　　　（②）

2）女：きょうは何日ですか。

男：4月8日です。

女：何曜日ですか。

男：火曜日です。　　　　　　　　　　　　　　　　　　　（①）

3. 1) 女：ミラーさん、いつ名古屋へ行きますか。
　　　男：あさって行きます。
　　　女：一人で行きますか。
　　　男：いいえ、山田さんと行きます。
　　　★　ミラーさんはあさって山田さんと名古屋へ行きます。　　　　　（○）
　2) 男：イーさん、お国はどちらですか。
　　　女：韓国です。
　　　男：いつ日本へ来ましたか。
　　　女：去年の6月に来ました。
　　　★　イーさんは去年の9月に韓国から来ました。　　　　　　　　　（×）
　3) 男：この電車は京都へ行きますか。
　　　女：いいえ、行きません。次の電車ですよ。
　　　男：そうですか。どうも。
　　　★　次の電車は京都へ行きます。　　　　　　　　　　　　　　　　（○）

4. 1) いつ　2) だれ　3) どこ　4) いくら　5) 何　6) 何時　7) 何月／何日

5. 1) の／に／から　2) で／へ　3) に／へ　4) と／へ　5) も

6. 1) 9時にうちへ帰りました。　　2) どこも行きません。
　3) 友達と美術館へ行きます。　　4) ［一人で］松本さんのうちへ行きます。
　5) 家族と車で神戸へ行きました。

第6課

1. 1) あなたはたばこを吸いますか。……例：いいえ、吸いません。
　2) 毎朝新聞を読みますか。……例：はい、読みます。
　3) けさ何を飲みましたか。……例：紅茶を飲みました。
　4) あした何をしますか。……例：京都へ行きます。
　5) いつもどこで昼ごはんを食べますか。……例：会社の食堂で食べます。

2. 1) 女：山田さんはお酒を飲みますか。
　　　男：はい、飲みます。
　　　女：いつもどこで飲みますか。
　　　男：うちで飲みます。
　　　★　山田さんはお酒を飲みません。　　　　　　　　　　　　　　　（×）
　2) 女：ミラーさん、けさ朝ごはんを食べましたか。
　　　男：はい、食べました。
　　　女：何を食べましたか。
　　　男：パンと卵を食べました。
　　　★　ミラーさんはけさパンと卵を食べました。　　　　　　　　　　（○）
　3) 女：ミラーさん、土曜日何をしましたか。

男：朝図書館で勉強しました。

女：午後何をしましたか。

男：神戸で映画を見ました。

★　ミラーさんは土曜日の午後神戸で映画を見ました。　　　　　　　　（○）

4）男：イーさん、きのうどこへ行きましたか。

女：京都へ行きました。

男：京都で何をしましたか。

女：お花見をしました。

★　イーさんはきのう京都でお花見をしました。　　　　　　　　　　（○）

5）女：ミラーさん、日曜日いっしょにテニスをしませんか。

男：ええ、いいですね。どこでしますか。

女：富士大学でしましょう。

★　ミラーさんは日曜日富士大学へ行きます。　　　　　　　　　　　（○）

3．1）と／コーヒーを飲みます　2）に／[昼]ごはんを食べます

　　3）で／ネクタイを買います　4）で／新聞を読みます

　　5）から／まで／テレビを見ます

4．1）何を　2）どこで　3）何を　4）だれに

5．1）書きました　2）読みますか　3）行きませんか／行きましょう

　　4）します

6．1）×　2）○　3）×　4）×

第7課

CD25　1．1）もう晩ごはんを食べましたか。……例：はい、もう食べました。

　　2）何でごはんを食べますか。……例：はしで食べます。

　　3）去年の誕生日にプレゼントをもらいましたか。……例：はい、もらいました。

　　4）お母さんの誕生日に何をあげますか。……例：時計をあげます。

　　5）"Thank you"は日本語で何ですか。……例：「ありがとう」です。

CD26　2．1）女：ミラーさん、コーヒーはいかがですか。

　　　　男：ありがとうございます。

　　　　女：どうぞ。

　　　　男：いただきます。　　　　　　　　　　　　　　　　　　　　　（②）

　　2）女：そのネクタイ、すてきですね。

　　　　男：これですか。

　　　　　　誕生日に母にもらいました。

　　　　女：そうですか。　　　　　　　　　　　　　　　　　　　　　　（①）

CD27　3．1）男：カリナさん、もう昼ごはんを食べましたか。

　　　　女：いいえ、まだです。

男：じゃ、いっしょに食べませんか。

女：ええ。行きましょう。

★　カリナさんは一人で昼ごはんを食べます。　　　　　　　　　　（×）

2）女：ミラーさん、もう東京にレポートを送りましたか。

男：はい、送りました。

女：何で送りましたか。

男：メールで送りました。

★　ミラーさんはメールで東京にレポートを送りました。　　　　（○）

3）女：ミラーさん、その本はミラーさんのですか。

男：いいえ、図書館から借りました。

女：もう読みましたか。

男：いいえ、まだです。今晩読みます。

★　ミラーさんは図書館の本をもう読みました。　　　　　　　　（×）

4. 1）英語を教えます　2）辞書を借ります（もらいます）

3）荷物を送ります　4）時計をもらいます　5）電話をかけます

5. 1）まだです／行きます／行きませんか　2）［もう］書きました

3）まだです／送ります　4）［もう］寝ました

6. 1）で　2）で　3）で　4）に／を　5）に（から）／を

7. 1）○　2）×　3）×　4）○

第8課

CD29 1. 1）家族は元気ですか。……例：はい、元気です。

2）あなたの国は今暑いですか。……例：はい、暑いです。

3）仕事はおもしろいですか。……例：はい、おもしろいです。

4）あなたの国はどんな国ですか。……例：きれいな国です。

5）日本語はどうですか。……例：易しいです。

CD30 2. 1）男：そのシャツはいくらですか。

女：これですか。

男：いいえ、その白いシャツです。

女：これは3,500円です。　　　　　　　　　　　　　　　　（①）

2）男：きょうはどうもありがとうございました。

女：いいえ、またいらっしゃってください。

男：じゃ、お休みなさい。　　　　　　　　　　　　　　　　　（③）

CD31 3. 1）女：暑いですね。

男：ええ。

女：冷たいお茶はいかがですか。

男：ええ、ありがとうございます。

★　これから冷たいお茶を飲みます。　　　　　　　　　　　　　（ ○ ）

２）男：カリナさん、あした何をしますか。

　　女：友達と大阪城へ行きます。

　　男：そうですか。わたしは先週行きました。

　　女：どんな所ですか。

　　男：とてもきれいな所ですよ。そして、静かです。

　　★　大阪城はきれいです。そして、にぎやかです。　　　　　（ × ）

３）女：日本の生活はどうですか。

　　男：毎日楽しいです。

　　女：日本の食べ物はどうですか。

　　男：そうですね。おいしいですが、高いです。

　　★　日本の食べ物はおいしいです。そして、安いです。　　　（ × ）

4. 1）忙しい　2）古い　3）易しい　4）小さい

5. 1）新しくないです　2）暑くないです　3）静かじゃありません

　　4）便利じゃありません

6. 1）暑い　2）有名な　3）おもしろい　4）きれいな　5）新しい

7. 1）（ × ）　　2）（ ○ ）　　3）（ × ）

　　（ ○ ）　　　　（ × ）　　　　（ ○ ）

第9課

CD33
1. 1）お母さんは料理が上手ですか。……例：はい、上手です。

　　2）どんなスポーツが好きですか。……例：サッカーが好きです。

　　3）今晩約束がありますか。……例：いいえ、ありません。

　　4）漢字がわかりますか。……例：はい、少しわかります。

　　5）どうして日本語を勉強しますか。……例：日本の会社で働きますから。

CD34
2. 1）女１：マリアさんのご主人はどんなスポーツが好きですか。

　　　　女２：サッカーが好きです。

　　　　女１：マリアさんは？

　　　　女２：わたしはテニスが好きです。

　　　　★　マリアさんのご主人はテニスが好きです。　　　　　（ × ）

　　2）女：サントスさんは日本語が上手ですね。

　　　　男：ありがとうございます。

　　　　女：漢字はどうですか。

　　　　男：少しわかりますが、難しいです。

　　　　★　サントスさんは漢字が全然わかりません。　　　　　（ × ）

　　3）女：ミラーさん、料理が上手ですね。

　　　　男：うちでいつも料理をしますから。

女：だれに習いましたか。

男：母に習いました。

★　ミラーさんはお母さんに料理を習いました。　　　　　　　　　　　（○）

4）男：木村さん、映画のチケットがあります。いっしょに行きませんか。

女：いつですか。

男：あしたです。

女：あしたですか。残念ですが、友達と約束がありますから、ちょっと……。

★　木村さんはあした暇ですから、映画を見ます。　　　　　　　　　（×）

5）女：ビール、いかがですか。

男：いいえ、けっこうです。

女：ミラーさんはビールが嫌いですか。

男：いいえ、好きですが、車で来ましたから。

女：そうですか。

★　ミラーさんは車で来ましたから、ビールを飲みません。　　　　　（○）

3．1）全然　2）たくさん　3）とても　4）よく

4．1）どんな　2）どうして　3）どんな　4）どう　5）だれ

5．1）毎週します　2）熱いコーヒーを飲みます　3）何も買いません

4）銀行は休みです

6．1）が　2）が　3）が　4）から　5）が　6）が／から

7．1）×　2）○　3）○　4）×

第10課

🔊))
CD36
1．1）あなたは今どこにいますか。……例：うちにいます。

2）あなたのうちに犬がいますか。……例：いいえ、いません。

3）あなたの部屋に時計がありますか。……例：いいえ、ありません。

4）日本語の辞書はどこにありますか。……例：机の上にあります。

5）うちの近くに何がありますか。……例：スーパーや図書館［など］があります。

🔊))
CD37
2．1）男：あのう、すみません。トイレはどこですか。

女：あそこに階段がありますね。

男：ええ。

女：お手洗いはあの階段のうしろです。

男：どうも。　　　　　　　　　　　　　　　　　　　　　　　　　　（①）

2）男：すみません。辞書はどこですか。

女：あの電話の左ですよ。

男：ありませんよ。

女：そうですか。…あ、あそこ。

男：えっ？

女：棚の上です。

男：ああ、どうも。　　　　　　　　　　　　　　　　　　　　　　（③）

3）男：佐藤さんですか。ミラーです。

女：あ、ミラーさん。今どこにいますか。

男：駅の前です。

女：そうですか。じゃ、今行きます。

男：はい。　　　　　　　　　　　　　　　　　　　　　　　　　（①）

🔊CD38 3. 1）男の子：こんにちは。テレーザちゃんはいますか。

女　　：いいえ、テレーザは公園へ行きましたよ。

男の子：そうですか。

★　テレーザちゃんは公園にいます。　　　　　　　　　　（○）

2）女：グプタさん、お国はどちらですか。

男：インドです。

女：そうですか。家族といっしょに日本へ来ましたか。

男：いいえ、一人で来ました。家族は国にいます。

女：そうですか。

★　グプタさんは家族と日本へ来ました。　　　　　　　　　（×）

4. 1）あります　2）います　3）います　4）ありません　5）いません

5. 1）隣（右）　2）間　3）前

6. 1）の／に　2）は／と／の　3）に／も　4）の／に／も　5）の／に／や／が

7. ③

第11課

🔊CD40 1. 1）家族は何人ですか。……例：4人です。

2）あなたのうちに部屋がいくつありますか。……例：4つあります。

3）あなたの国から日本まで飛行機で何時間かかりますか。……例：5時間かかります。

4）今までどのくらい日本語を勉強しましたか。……例：2か月勉強しました。

5）1か月に何回ぐらい映画を見ますか。……例：1回見ます。

🔊CD41 2. 1）女：兄弟がいますか。

男：ええ、妹が1人います。学生です。　　　　　　　　　　　（②）

2）女：いらっしゃいませ。

男：コーヒーを2つと、アイスクリームを1つお願いします。

女：かしこまりました。　　　　　　　　　　　　　　　　　　（②）

🔊CD42 3. 1）女：80円の切手を10枚と50円の切手を10枚ください。

男：はい。全部で1,300円です。

女：はい。

男：どうもありがとうございました。

★　女の人は切手を20枚買いました。　　　　　　　　　　　　　（○）

2）女：この手紙、エアメールでお願いします。

　　男：はい。インドですね。90円です。

　　女：どのくらいかかりますか。

　　男：8日ぐらいです。

★　手紙はインドまでエアメールで4日かかります。　　　　　（×）

3）男：どこで日本語を勉強しましたか。

　　女：国で日本人の先生に習いました。

　　男：毎日勉強しましたか。

　　女：いいえ、水曜日と土曜日に勉強しました。

★　国で1週間に1回日本語を勉強しました。　　　　　　　　（×）

4．1）ふたり　2）よんだい　3）じゅうまい　4）むっつ

5．1）いくつ　2）何時間　3）何枚　4）何台

6．1）に／×　2）で　3）に／×　4）を／×

7．1）4人です。　2）10あります。　3）650円です。　4）48時間習いました。

第12課

CD44

1．1）きのうの天気はどうでしたか。……例：よかったです。

　　2）先週は忙しかったですか。……例：はい、忙しかったです。

　　3）あなたの国と日本とどちらが人が多いですか。

　　……例：わたしの国のほうが人が多いです。

　　4）1年でいつがいちばん好きですか。……例：春がいちばん好きです。

　　5）あなたの国でどこがいちばん有名ですか。……例：ペキンがいちばん有名です。

CD45

2．1）女：田中さん、新しい車ですね。

　　男：ええ、先月買いました。

　　女：山田さんの車より大きいですね。

　　男：ええ、少し大きいです。

★　男の人の車は山田さんの車より大きいです。　　　　　　（○）

2）女：ミラーさんは海と山とどちらが好きですか。

　　男：海のほうが好きです。カリナさんはどちらが好きですか。

　　女：そうですね。わたしはどちらも好きです。

★　カリナさんは海のほうが好きです。　　　　　　　　　　（×）

3）男：日本は寒いですね。

　　女：そうですね。でも、来月のほうが寒いですよ。

　　　　1年で1月がいちばん寒いですから。

★　12月は1月より寒いです。　　　　　　　　　　　　　　（×）

4）男：先週 京都で友達と祇園祭を見ました。

女：どうでしたか。

男：おもしろかったです。人がとても多かったですよ。

女：そうですか。

★　祇園祭はとてもにぎやかでした。　　　　　　　　　　　　　　　（○）

5）男：きのう初めて日本料理を食べました。とてもおいしかったです。

女：何を食べましたか。

男：刺身やてんぷらやすしを食べました。

女：何がいちばんおいしかったですか。

男：そうですね。てんぷらがいちばんおいしかったです。

★　日本料理でてんぷらがいちばんおいしかったです。　　　　　　（○）

3．1）遠い　2）少ない　3）重い　4）嫌い

4．1）よくなかったです　2）雨じゃありませんでした　3）おもしろくなかったです

4）簡単じゃありませんでした　5）忙しくなかったです

5．1）どちら　2）だれ　3）何　4）どこ　5）いつ（何曜日）

6．1）ABCストア　2）ジャパン　3）毎日屋　4）ABCストア

第13課

CD47
1．1）今何がいちばん欲しいですか。……例：うちが欲しいです。

2）あした何をしたいですか。……例：映画を見に行きたいです。

3）今だれにいちばん会いたいですか。……例：彼（彼女）に会いたいです。

4）週末はどこへ遊びに行きたいですか。……例：海へ行きたいです。

5）飛行機の切符をあなたにあげます。どこへ何をしに行きますか。

……例：スイスへスキーに行きます。

CD48
2．1）男：佐藤さん、今何がいちばん欲しいですか。

女：そうですね。新しいパソコンが欲しいです。

男：パソコンですか。

女：山田さんは？

男：わたしは毎日忙しいですから、時間が欲しいです。

★　男の人は忙しいですから、時間がありません。　　　　　　　　（○）

2）男：おなかがすきましたね。

女：ええ、何か食べたいですね。

男：駅の前にいいレストランがあります。

女：そうですか。じゃ、行きましょう。

★　男の人と女の人はレストランへ食事に行きます。　　　　　　　（○）

3）女：山田さん、夏休みはどこか行きますか。

男：いいえ。

女：えっ、どうしてですか。

男：休みは 4 日だけですから、うちで休みたいです。

★　男の人は夏休みにどこも行きません。　　　　　　　（ ○ ）

4）男：こんばんは。

女：こんばんは。お出かけですか。

男：ええ。駅まで子どもを迎えに行きます。

女：そうですか。行ってらっしゃい。

★　男の人は駅で子どもに会います。　　　　　　　　　（ ○ ）

5）男：カリナさんは日本へ何の勉強に来ましたか。

女：美術の勉強に来ました。

男：そうですか。勉強はどうですか。

女：日本語がよくわかりませんから、大変です。

★　カリナさんは日本へ日本語の勉強に来ました。　　（ × ）

3．1）帰りたい　2）寝たい　3）飲みたい　4）したくない　5）行きたくない

4．1）借り　2）買い　3）買い物　4）泳ぎ　5）旅行

5．1）が　2）も　3）で／を　4）へ／の／に　5）へ／に

6．1）○　2）○　3）×　4）○　5）×

第14課

CD50

1．1）今雨が降っていますか。……例：いいえ、降っていません。

2）今何をしていますか。……例：勉強しています。

3）今何か飲んでいますか。……例：いいえ、飲んでいません。

4）今家族は何をしていますか。……例：寝ています。

5）あなたのうちの住所を書いてください。……例：東京都千代田区麹町3-4-5

CD51

2．1）男：佐藤さんはどこにいますか。

女：1階でコピーしています。呼びましょうか。

男：ええ、すぐ呼んでください。

女：はい、わかりました。　　　　　　　　　　　　　（ ② ）

2）女：新大阪までお願いします。

男：はい。

女：あの信号を右へ曲がってください。

男：はい。

女：あの白いビルの前で止めてください。　　　　　　（ ② ）

CD52

3．1）女：雨が降っていますね。いっしょにタクシーで帰りませんか。

男：あのう、きょうは車で来ましたから。いっしょにいかがですか。

女：ああ、そうですか。じゃ、お願いします。

★　男の人と女の人はいっしょに車で帰ります。　　　（ ○ ）

2）男：山田です。こんにちは。今週の土曜日にうちでパーティーをします。
　　　ミラーさんも来てください。木村さんも来ますよ。またあとで電話をかけます。
　　★　土曜日に木村さんのうちでパーティーをします。　　　　　　　　　　（×）
3）男：カリナさん、その辞書、ちょっと貸してください。
　　女：すみません。今使っています。
　　男：じゃ、あとでお願いします。
　　★　男の人はあとで辞書を借ります。　　　　　　　　　　　　　　　　（○）

4．1）行って　2）急いで　3）飲んで　4）遊んで　5）待って　6）帰って
　　7）買って　8）貸して　9）食べて　10）起きて　11）見て　12）勉強して
　　13）来て

5．1）急いで　2）来て　3）持ち　4）送り／送って

6．1）遊んで　2）降って　3）して　4）泳いで

7．1）D　2）B　3）C　4）A

第15課

CD54

1．1）美術館で写真を撮ってもいいですか。……例：いいえ、いけません。
　2）あなたの国でどんな日本の製品を売っていますか。……例：車を売っています。
　3）日本でいちばん高い山を知っていますか。……例：はい、知っています。富士山です。
　4）家族はどこに住んでいますか。……例：ロンドンに住んでいます。
　5）お仕事は何ですか。……例：銀行員です。アップル銀行で働いています。

CD55

2．1）男：ここでたばこを吸ってもいいですか。
　　女：すみません。あちらのロビーでお願いします。
　　★　ロビーでたばこを吸ってもいいです。　　　　　　　　　　　　　　（○）
2）女：ここに車を止めてもいいですか。
　　男：すみません。あちらに止めてください。
　　女：わかりました。
　　★　ここに車を止めてはいけません。　　　　　　　　　　　　　　　　（○）
3）男：イーさんのご家族は？
　　女：両親と兄が1人います。
　　　　両親は韓国に住んでいますが、兄はアメリカの大学で教えています。
　　★　イーさんの家族はみんなアメリカに住んでいます。　　　　　　　　（×）
4）女：失礼ですが、お仕事は？
　　男：パワー電気で働いています。
　　女：独身ですか。
　　男：いいえ。妻は大学でドイツ語を教えています。
　　★　男の人の奥さんはドイツ語の先生です。　　　　　　　　　　　　　（○）
5）男：佐藤さん、パワー電気の電話番号を知っていますか。

女：ええ、934の8567です。

男：住所は？

女：ちょっと待ってください。はい、これです。

男：どうも。

★　女の人はパワー電気の電話番号を知っていますが、
　　住所を知りません。　　　　　　　　　　　　　　　　　　　　（ × ）

3. 1）休みます　2）食事します　3）来ます　4）書きます　5）借ります

　 6）迎えます　7）待ちます　8）話します　9）止めます

4. 1）たばこを吸ってもいいですか。

　 2）美術館で写真を撮ってもいいですか。

　 3）このカタログをもらってもいいですか。

5. 1）して　2）食べて　3）使って

6. 1）図書館で食べ物を食べてはいけません。

　 2）（試験ですから）隣の人と話してはいけません。

　 3）公園で野球をしてはいけません。

7. 1）住んで　2）作って　3）結婚して　4）持って

8. 1）いいえ、結婚していません。　2）12月24日に仕事をします。

　 3）子どもにすてきなプレゼントをあげます。

　 4）はい、知っています。［サンタクロースです。］／いいえ、知りません。

第16課

CD57

1. 1）朝起きて何をしますか。……例：シャワーを浴びて、新聞を読みます。

　 2）きのう晩ごはんを食べてから、何をしましたか。

　　……例：少しテレビを見て、それから本を読みました。

　 3）あなたのうちから空港までどうやって行きますか。

　　……例：地下鉄で梅田へ行って、JRに乗り換えて、空港まで行きます。

　 4）日本の食べ物はどうですか。……例：おいしいですが、高いです。

　 5）お母さんはどんな人ですか。……例：料理が上手で、おもしろい人です。

CD58

2. 1）男：会社までいつもどうやって行きますか。

　　女：JRで大阪まで行って、地下鉄に乗り換えて、日本橋で降ります。
　　　　それから会社まで歩いて行きます。

　　男：そうですか。　　　　　　　　　　　　　　　　　　　　（ ① ）

　 2）男：すみません。カリナさんはどの人ですか。

　　女：あの人ですよ。

　　男：えっ？

　　女：あの背が高くて、髪が短い人です。

　　男：どうも。　　　　　　　　　　　　　　　　　　　　　　（ ③ ）

3. 1）男：勉強は何時に終わりますか。
　　女：3時に終わります。
　　男：じゃ、勉強が終わってから、テニスをしませんか。
　　女：いいですね。
　　男：じゃ、3時半ごろロビーで待っています。
　　★　女の人は3時まで勉強して、それからテニスをします。　　　　（○）

2）女：寮はどうですか。
　　男：静かで、きれいです。
　　女：駅から何分ぐらいかかりますか。
　　男：バスで20分ぐらいです。
　　女：そうですか。少し遠いですね。
　　★　男の人の寮は駅から近くて、静かで、きれいです。　　　　　　（×）

3）女：旅行はどうでしたか。
　　男：疲れました。
　　　　土曜日に広島を見て、日曜日に長崎へ行きました。
　　女：そうですか。忙しかったですね。
　　★　男の人は週末に旅行をしました。　　　　　　　　　　　　　　（○）

4. 1）行って　2）下ろして　3）乗って／乗り換えて　4）浴びて
5. 1）学生で　2）よくて　3）軽くて　4）にぎやかで
6. 1）に　2）に／で　3）を　4）が　5）が　6）に／を　7）を
　　8）を／で
7. 1）神戸　2）奈良／京都　3）奈良　4）大阪

第17課

1. 1）外国旅行に何を持って行かなければなりませんか。
　　……例：パスポートを持って行かなければなりません。
2）あなたの国で子どもは何歳から学校へ行かなければなりませんか。
　　……例：6歳から行かなければなりません。
3）毎朝何時に起きなければなりませんか。
　　……例：7時に起きなければなりません。
4）あした出かけなければなりませんか。
　　……はい、出かけなければなりません。／いいえ、出かけなくてもいいです。
5）毎日日本語を話さなければなりませんか。
　　……はい、話さなければなりません。／いいえ、話さなくてもいいです。

2. 1）女：きれいですね！　あの花の前で写真を撮りましょう。
　　男：あ、すみません。そこに入らないでください。
　　女：あ、すみません。

★　花の写真を撮ってはいけません。　　　　　　　　　（×）

2）男：今晩いっしょに食事に行きませんか。

女：すみません。きょうは早く帰らなければなりません。

男：そうですか。残念ですね。

女：また今度お願いします。

★　きょう男の人と女の人はいっしょに食事に行きません。（○）

3）男：今晩おふろに入ってもいいですか。

女：いいえ、きょうは入らないでください。それから、2、3日、

　　スポーツはしないでください。

男：はい、わかりました。

★　きょう男の人はスポーツをしてはいけません。　　（○）

4）女：この薬は朝と晩、ごはんを食べてから、飲んでください。

男：昼は飲まなくてもいいですか。

女：はい、飲まなくてもいいです。

男：わかりました。

★　男の人は1日に2回薬を飲まなければなりません。　（○）

5）女：あしたの朝は何も食べないでくださいね。9時までに病院へ来て

　　ください。

男：あのう、飲み物は飲んでもいいですか。

女：いいえ、水も飲まないでください。

男：わかりました。

★　男の人はあしたの朝、何も食べてはいけませんが、水は

　　飲んでもいいです。　　　　　　　　　　　　　　（×）

3. 1）行かない　2）脱がない　3）返さない　4）持たない　5）呼ばない

6）入らない　7）払わない　8）忘れない　9）覚えない　10）起きない

11）借りない　12）見ない　13）しない　14）心配しない　15）来ない

4. 1）行かないで　2）なくさないで　3）開けないで　4）入らないで

5）心配しないで

5. 1）入れなければなりません　2）来なくてもいいです　3）脱がなければなりません

4）返さなければなりません　5）出さなくてもいいです

6. 1）○　2）○　3）×　4）×　5）○

第18課

🔊
CD64

1. 1）ダンスができますか。……例：はい、できます。

2）何メートルぐらい泳ぐことができますか。

　　……例：100メートルぐらい泳ぐことができます。

3）あなたの国で何歳から車を運転することができますか。

……例：18歳からできます。

4）趣味は何ですか。……例：ピアノを弾くことです。

5）毎晩寝るまえに、何をしますか。……例：日記を書きます。

🔊 CD65

2. 1）女：趣味は何ですか。

男：いろいろな国の料理を作ることです。

女：今までにどんな国の料理を作りましたか。

男：タイやインドやメキシコや……。

女：すごいですね。

★ 男の人の趣味はいろいろな国の料理を食べることです。　　　　（ × ）

2）女：いらっしゃいませ。

男：コーヒーとサンドイッチをお願いします。

女：すみませんが、まずあちらでチケットを買ってください。

男：あ、そうですか。

★ 食べるまえに、チケットを買わなければなりません。　　　　（ ○ ）

3）女：こちらはいちばん新しい製品です。

男：軽いですね。

女：ええ、使い方も簡単ですよ。

男：ちょっと高いですね……。カードを使うことができますか。

女：はい、できますよ。

★ この店で現金で払わなければなりません。　　　　（ × ）

4）男：来週のパーティーに来ますか。

女：ええ。何か手伝いましょうか。

男：じゃ、すみませんが、お願いします。

女：何時に行きましょうか。

男：パーティーは6時からです。30分ぐらいまえに、来てください。

★ 女の人は6時にパーティーに行きます。　　　　（ × ）

5）男：はい、みどり図書館です。

女：そちらまでどうやって行きますか。

男：50番のバスに乗って、図書館前で降りてください。

女：車で行ってもいいですか。

男：近くに止めることができませんから、バスでお願いします。

女：はい、わかりました。

★ 女の人は車で図書館へ行きます。　　　　（ × ）

3. 1）弾く　2）話す　3）持つ　4）遊ぶ　5）飲む　6）入る　7）歌う

8）集める　9）捨てる　10）見る　11）浴びる　12）する　13）運転する

14）来る　15）持って来る

4. 1）乗る　2）予約する　3）かく　4）換える

5．1）飲んでから　2）始めるまえに　3）寝るまえに　4）下ろしてから

6．1）の／が　2）を／が　3）の　4）×

7．1）4月16日までに返さなければなりません。

2）いいえ、[借りることが] できません。

3）いいえ。受付でします。

4）40円です。

第19課

CD67

1．1）相撲を見たことがありますか。……例：はい、あります。

2）日曜日何をしますか。……例：ビデオを見たり、CDを聞いたりします。

3）日本で何をしたいですか。……例：生け花を習ったり、旅行したりしたいです。

4）次の誕生日に何歳になりますか。……例：22歳になります。

CD68

2．1）男：お父さんはお元気ですか。

女：ええ。父はもう81歳になりましたが、母と旅行したり、野菜を
　　作ったりしています。

男：そうですか。

★　女の人の両親は元気です。　　　　　　　　　　　　　　　　（○）

2）女：かぜですか。

男：ええ。のどが痛いですから、何も食べたくないです。

女：そうですか。病院へ行きましたか。

男：いいえ、薬屋で薬を買いました。

★　男の人はなかなか元気になりませんから、病院へ行きました。　（×）

3）男：あのう、失礼ですが……。

女：はい。

男：どこかで会ったことがありますね。

女：えっ?

男：1か月ぐらいまえに、飛行機で隣に座りましたね。

女：ああ、そうでしたね。

★　女の人は男の人に会ったことがあります。　　　　　　　　　（○）

4）女：このりんご、いくらですか。

男：1つ180円です。

女：もう少し安くなりますか。

男：じゃ、2つ300円。

女：じゃ、4つください。

★　りんごは全部で600円です。　　　　　　　　　　　　　　　（○）

5）女：山田さん、富士山に登ったことがありますか。

男：ええ、1回だけあります。

女：雪がありましたか。

男：ええ、夏でしたが、ありました。

★　男の人は夏に富士山で雪を見たことがあります。　　　　　　　　　（○）

3．1）行った　2）働いた　3）泳いだ　4）飲んだ　5）遊んだ　6）持った
　　7）買った　8）乗った　9）消した　10）食べた　11）寝た　12）見た
　　13）降りた　14）散歩した　15）来た

4．1）行った　2）掃除した／買い物に行った　3）かいた／聞いた　4）見た

5．1）きれいに　2）暗く　3）眠く　4）雨に

6．1）が　2）に　3）に　4）に

7．1）（　×　）　2）（　○　）　3）（　×　）

8．（略）

第20課

CD70 1．1）日曜日何をする？……例：テニスをする。

　　2）果物で何がいちばん好き？……例：りんごがいちばん好き［だ］。

　　3）漢字がいくつわかる？……例：100ぐらいわかる。

　　4）あなたの国と日本とどっちが人が多い？……例：日本のほうが多い。

　　5）日本の映画を見たことがある？……例：ううん、ない。

CD71 2．1）女：あっ、雨！

　　　　男：えっ？　傘、持ってる？

　　　　女：ううん。田中さんは？

　　　　男：僕も持ってない。

　　　　★　男の人と女の人は傘を持っていません。　　　　　　　　　（○）

　　2）男：きのう初めて金閣寺へ行ったよ。行ったことある？

　　　　女：ううん、一度もない。どうだった？

　　　　男：きれいだったよ。また行きたい。

　　　　女：じゃ、来月いっしょに行かない？

　　　　男：うん、いいね。

　　　　★　男の人と女の人はいっしょに金閣寺へ行きました。　　　　（×）

　　3）女：あしたの晩暇？　韓国の映画の切符を2枚もらったけど、
　　　　　　見に行かない？

　　　　男：いいね。どこで会う？

　　　　女：そうね、6時に梅田駅で。

　　　　男：わかった。じゃ、またあした。

　　　　★　男の人と女の人はあした6時に会います。　　　　　　　　（○）

　　4）男：あしたうちへ遊びに来ない？

　　　　女：行きたいけど、用事があるから。

男：そう、じゃ、また今度。

★　あした 女の人は 男の人のうちへ 行きません。　　（○）

5）男：中村さん、趣味は？

女：スポーツよ。テニス、ゴルフ、スキー。

男：僕もスポーツが好きだけど、忙しいから……。

　　テレビのスポーツは毎日見るけど。

女：そう。

★　男の人は 毎日スポーツをします。　　（×）

3.

泳ぐ	泳がない	（泳いだ）	泳がなかった
（貸す）	貸さない	貸した	貸さなかった
待つ	（待たない）	待った	待たなかった
遊ぶ	遊ばない	遊んだ	（遊ばなかった）
飲む	（飲まない）	飲んだ	飲まなかった
（ある）	ない	あった	なかった
買う	買わない	買った	（買わなかった）
寝る	寝ない	（寝た）	寝なかった
（借りる）	借りない	借りた	借りなかった
する	しない	（した）	しなかった
来る	（来ない）	来た	来なかった
（寒い）	寒くない	寒かった	寒くなかった
いい	よくない	（よかった）	よくなかった
暇だ	暇じゃない	暇だった	（暇じゃなかった）
いい天気だ	いい天気じゃない	（いい天気だった）	いい天気じゃなかった

4. 1）かけた？　2）住んでいる　3）帰ってもいい？　4）遊びに行く

　　5）もらわなければならない　6）吸ってはいけない　7）読むことができない

　　8）食べたことがない　9）欲しい　10）海だった

5. 1）結婚していますか／いいえ、独身です

　　2）パーティーに行きましたか／いいえ、行きませんでした／頭が痛かったですから

　　3）元気ですね／ええ、若いですから

6. 1）暖かったです　2）にぎやかでした　3）きれいでした　4）撮りました

7.（略）

第21課

🔊
CD73
1. 1）あしたは天気がいいと思いますか。……例：はい、いいと思います。
　　2）日本についてどう思いますか。……例：交通が便利だと思います。
　　3）日本人はあなたの国についてよく知っていると思いますか。

……例：いいえ、あまり知らないと思います。

4）日本人はごはんを食べるまえに、何と言いますか。

……「いただきます」と言います。

5）東京は有名でしょう？……例：はい、有名です。

2. 1）女：課長は？

男：2階の会議室です。今会議をしています。

女：何時ごろ終わりますか。

男：3時ごろだと思いますが。

女：そうですか。じゃ、またあとで来ます。

★　女の人はこれから会議室へ行きます。　　　　　　　　　（×）

2）男1：次のサッカーの試合は大阪でありますね。

男2：ええ。日本が勝つと思いますか。

男1：そうですね。どちらも強いですからね。

★　男の人は日本が勝つと言いました。　　　　　　　　　（×）

3）男：今放送がありましたね。何と言いましたか。

女：3階に喫茶店があると言いましたよ。

男：そうですか。ちょっと疲れましたね。コーヒーを飲みに行きませんか。

女：ええ、そうしましょう。

★　男の人と女の人は喫茶店で休みます。　　　　　　　　（○）

4）男：7月に京都で有名なお祭りがあるでしょう？

女：ああ、祇園祭ですね。

男：行ったことがありますか。

女：いいえ、ありません。

男：じゃ、ことしいっしょに行きませんか。

女：ええ。

★　女の人は祇園祭に行きます。　　　　　　　　　　　（○）

5）男：そのかばん、重いでしょう？　持ちましょうか。

女：ありがとうございます。でも、そんなに重くないですから、
大丈夫です。

男：そうですか。

★　男の人は女の人のかばんを持ちます。　　　　　　　（×）

3. 1）おいしくない　2）上手だ　3）役に立つ　4）帰った

4. 1）日曜日家族と吉野山へ行く　2）おもしろい　3）[とても]にぎやかだった

4）試合を見に行くことができない

5. 1）ある　2）疲れた　3）暑い　4）試験

6. 1）○　2）×　3）○

7.（略）

第22課

1. 1) あなたが生まれた所はどこですか。……例：東京です。
   2) 今いちばん欲しいものは何ですか。……例：車です。
   3) 家族で眼鏡をかけている人がいますか。……例：いいえ、いません。
   4) 今車を買うお金がありますか。……例：はい、あります。
   5) レストランで食べる料理とうちで食べる料理とどちらが好きですか。
      ……例：うちで食べる料理のほうが好きです。

2. 1) 女：これ、わたしが作ったケーキですけど、いかがですか。
      男：チョコレートケーキですね。いただきます。おいしいですね。
      ★　女の人はチョコレートケーキを作りました。　　　　　　　　（ ○ ）
   2) 男：あ、そこに傘を置かないでください。
      女：すみません。傘を置く所はどこですか。
      男：階段のうしろに置いてください。
      女：わかりました。
      ★　傘は階段のうしろに置かなければなりません。　　　　　　　（ ○ ）
   3) 女：ミラーさん、ここにあった新聞は？
      男：山田さんが持って行きましたよ。
      女：あ、そうですか。
      ★　ミラーさんは今新聞を読んでいます。　　　　　　　　　　　（ × ）
   4) 女：山田さん、あしたテニスに行きませんか。
      男：あしたですか。あしたはちょっと……。
      　　子どもと遊びに行く約束がありますから。
      女：そうですか。じゃ、また今度。
      ★　男の人はあした子どもと遊びますから、テニスに行きません。（ ○ ）
   5) 男：旅行の写真ですね。この人はだれですか。
      女：どの人ですか。
      男：佐藤さんのうしろにいる髪が短い人です。
      女：ああ、カリナさんです。
      ★　カリナさんは髪が短いです。　　　　　　　　　　　　　　　（ ○ ）

3. 1) 庭がある　2) お酒を飲まない　3) 図書館で借りた　4) マリアさんから来た

4. 1) どこ　2) どう　3) どれ

5. 1) これはいつ買った牛乳ですか。　2) これはだれが作ったケーキですか。
   3) これはだれにもらったプレゼントですか。

6. 1) 友達と映画を見る　2) 市役所へ行く　3) 食事[を]する（昼ごはんを食べる）

7. ①下ろした　②借りた　③送る　④使う

8. （略）

第23課

1. 1) 子どものとき、どこに住んでいましたか。……例：大阪に住んでいました。
   2) 外国へ行って、道がわからないとき、どうしますか。
      ……例：近くにいる人に聞きます。
   3) 暇なとき、何をしますか。……例：音楽を聞いたり、本を読んだりします。
   4) どんなとき、タクシーに乗りますか。……例：荷物が多いとき、乗ります。
   5) たくさんお酒を飲むと、どうなりますか。……例：頭が痛くなります。

2. 1) 女：すみません、アメリカの友達に電話をかけるとき、どうしますか。
      男：まず001を押して、次にアメリカの国の番号1を押します。
         それから友達の番号を押します。
      女：わかりました。どうもありがとうございました。　　　　　　　　（②）
   2) 男：すみません。みどり図書館はどこですか。
      女：駅の前の道をまっすぐ行くと、橋があります。
      男：橋ですね。
      女：ええ。橋を渡って、100メートルぐらい行くと、左にあります。　（①）

3. 1) 女：すみません。ちょっと使い方を教えてください。
      男：はい。まずここにお金を入れてください。
         次にこのボタンを押すと、カードが出ます。
      女：このボタンですね。わかりました。ありがとうございました。
      ★　ボタンを押してから、お金を入れると、カードが出ます。　　　（×）
   2) 女：あしたから出張ですね。この資料が要りますか。
      男：ええ、お願いします。それからパソコンも持って行かないと……。
      ★　男の人は出張のとき、資料とパソコンを持って行きます。　　（○）
   3) 女：山田さん、それは何ですか。
      男：中国のお茶です。体の調子が悪いとき、飲みます。
      女：それもお茶ですか。
      男：いいえ、これは薬です。お酒を飲んだとき、飲みます。
      ★　男の人はお酒を飲んだとき、中国のお茶を飲みます。　　　　（×）

4. 1) 借りる　2) 渡る　3) ない　4) 出ない
5. 1) 疲れた　2) 出る　3) 起きた　4) 寝る
6. 1) 暇な　2) 独身の　3) 若い
7. 1) 曲がる　2) 回す　3) 入れる
8. 1) ×　2) ×　3) ○
9. （略）

第24課

1. 1) 子どものとき、お母さんは甘いお菓子をくれましたか。

……例：いいえ、くれませんでした。

2）あなたは今お母さんに何をしてあげたいですか。

　　……例：旅行に連れて行ってあげたいです。

3）日本人の友達にあなたの国の料理を作ってあげたことがありますか。

　　……例：いいえ、ありません。

4）お金がないとき、だれに貸してもらいますか。

　　……例：兄に貸してもらいます。

5）子どものとき、お父さんはよく遊んでくれましたか。

　　……例：はい、よく遊んでくれました。

2. 1）女：いい時計ですね。どこで買いましたか。

　　　男：これですか。誕生日に兄がくれました。

　　　女：そうですか。

　　　★　男の人はお兄さんの誕生日に時計をあげました。　　　　　（×）

2）女：あ、雨ですね。ミラーさん、傘を持っていますか。

　　　男：いいえ。

　　　女：じゃ、わたしのを貸しましょうか。

　　　男：ええ。でも、佐藤さんはどうしますか。

　　　女：姉が車で迎えに来てくれますから、大丈夫です。

　　　★　女の人は車で帰ります。　　　　　　　　　　　　　　　（○）

3）男：すみませんが、写真を撮ってください。

　　　女：いいですよ。じゃ、撮りますよ。

　　　男：どうもありがとうございました。

　　　女：いいえ、どういたしまして。

　　　★　女の人は男の人に写真を撮ってもらいました。　　　　　（×）

4）男：すみません。この近くに郵便局がありますか。

　　　女：ええ、ありますよ。

　　　　　わたしも近くまで行きますから、いっしょに行きましょう。

　　　男：すみません。

　　　★　女の人は郵便局の近くまで男の人といっしょに行ってあげます。（○）

5）女：きのうはわたしの誕生日でした。

　　　男：そうですか。おめでとうございます。

　　　　　パーティーをしましたか。

　　　女：いいえ。神戸へ食事に行きました。

　　　　　友達が連れて行ってくれました。

　　　★　女の人はきのう友達と神戸へ行きました。　　　　　　　（○）

3. 1）くれました　2）もらいました　3）くれます　4）もらいました

4. 1）○　2）○　3）×

5. 1）を　2）が　3）に　4）に
6. 1）×　2）×　3）○　4）○
7.（略）

第25課

🔊 CD86

1. 1）もし1,000万円あったら、何をしたいですか。
　　　……例：いろいろな国を旅行したいです。
　2）日曜日いい天気だったら、どこへ遊びに行きたいですか。
　　　……例：京都へ遊びに行きたいです。
　3）体の調子が悪かったら、どうしますか。……例：仕事を休みます。
　4）第25課の問題が終わったら、何をしますか。……例：テレビを見ます。
　5）年を取っても、働きたいですか。……例：はい、働きたいです。

🔊 CD87

2. 1）男：カリナさん、1年休みをもらったら、何をしたいですか。
　　女：いろいろな国の美術館へ絵を見に行きたいです。

　　　　ミラーさんは？
　　男：わたしはいろいろな国へビールを飲みに行きたいです。
　★　長い休みがあったら、カリナさんは絵をかきに行きます。　　　（×）
　2）男：あした暇だったら、京都へ行きませんか。有名なお祭りが

　　　　あります。
　　女：いいですね。雨が降っても、ありますか。
　　男：雨だったら、ありません。
　　女：そうですか。
　★　あした雨が降ったら、お祭りがありません。　　　（○）
　3）女：いつインドへ旅行に行きますか。
　　男：夏休みになったら、すぐ行きます。
　　女：いつ帰りますか。
　　男：そうですね。お金を全部使ったら、帰ります。
　　女：そうですか。気をつけてくださいね。
　★　男の人は旅行から帰ったら、お金がありません。　　　（○）
　4）女：吉田さん、車を持っていますか。
　　男：いいえ。
　　女：車があったら、便利ですよ。
　　男：そうですか。あっても、むだだと思います。
　　女：どうしてですか。
　　男：大阪の町は車が多いですから、自転車のほうが速いですよ。
　★　男の人は車がありますが、自転車に乗ります。　　　（×）
　5）女：お釣りが出ません。

男：このボタンを押しましたか。

女：ええ、押しても、出ません。

男：じゃ、故障ですね。店の人に言いましょう。

　★　ボタンを押しましたが、お釣りが出ませんでした。　　　　　　　　（○）

3. 1）使った　2）来なかった　3）無理だった　4）よかった
　　5）考えて　6）便利で

4. 1）c　2）a　3）e　4）f　5）b

5. 1）会議が終わったら、すぐ行きます。
　　2）大学を出たら、すぐ結婚したいです。
　　3）昼ごはんを食べたら、すぐ出かけましょう。
　　4）国へ帰ったら、すぐ始めます。

6. 例）男の子、10歳　毎日とても忙しい　　　　　ユーモア
　　1）女の子、14歳　好きなことをしたい　　　　僕の銀行
　　2）女の人、25歳　勉強したい　　　　　　　　わたし
　　3）男の人、43歳　好きな物を買いたい　　　　若くなる薬
　　4）女の人、60歳　わたしの話はおもしろくない　時間

7. （略）

復習・総復習　解答例
復習A

1. 1）A：は／か　2）B：の　3）A：は　B：の　A：も／の　B：は／の　4）A：は／の　B：の　5）B：は／の　C：の　B：も／の　C：の　A：は／の／の

2. 1）A：何　A：いくら　2）A：どちら（どこ）　3）B：どちら　4）A：どなた
　　5）A：だれ　A：何

3. 1）にじゅうはち　2）さんびゃくろくじゅう　3）はっぴゃくきゅうじゅうよん
　　4）せんごひゃく　5）はっせんじゅう　6）いちまんななせんろっぴゃくよんじゅう
　　7）ごまんさんぜんひゃく　8）じゅうさんまんろくせんにひゃく
　　9）にじゅうまんきゅうせん　10）よんひゃくさんじゅうまん

4. 1）b　2）b　3）a　4）a　5）a

復習B

1. 1）から／の　2）と／を／に　3）も／で／へ　4）から／まで／で／と／を
　　5）で／に／を　6）で／に（から）／を／で

2. 1）どこ　2）何番／何曜日／何時／何時　3）何月／何日／だれ／何　4）いつ／何
　　5）何／どこ／だれ／何　6）何時

3. 1）［朝］7時に朝ごはんを食べます　2）12時から1時までです　3）終わります
　　4）6時にうちへ帰ります　5）［夜］8時から10時まで本を読みます

4．1）ます／ません　2）ます／ません　3）ました／ました　4）ました／ませんでした
　　5）ました／です　6）ません／ましょう
5．1）b　2）b　3）a　4）a

復習C

1．1）どう／どちら／いくつ　2）どんな／どのくらい　3）何人／どこ
　　4）どう／どんな／何　5）何台／どうして
2．1）に／が／が／が　2）より／が／に／で／が　3）は／が／の／に／や／から
3．前／うしろ／上
4．2人／4つ／2台／1回／2か月
5．1）暇じゃありません／忙しい／上手じゃありません／下手
　　2）多くなかったです／少なかった／いい天気じゃありませんでした／雨（雪）（曇り）
6．1）b　2）b　3）b　4）a

復習D

1．1）を／が／を（が）　2）が／へ／に／で　3）を／へ／の／に　4）に／が／の／を
　　5）から（で）／に／で　6）が／に／と
2．

(例：買います)	(例：買って)	(呼びます)	呼んで	浴びます	(浴びて)
(行きます)	行って	(飲みます)	(飲んで)	(借ります)	借りて
急ぎます	(急いで)	(帰ります)	帰って	(します)	して
(貸します)	貸して	(入れます)	入れて	散歩します	(散歩して)
待ちます	(待って)	います	(いて)	(来ます)	来て

3．1）b　2）b　3）b　4）a　5）a／b
4．1）借りて／使って　2）書いて／貸して　3）遊び／行き　4）閉め　5）結婚して
　　／住んで／働いて　6）食べました／送って／食事　7）多くて／きれいな
　　8）上手で／元気な　9）よくて／楽しかったです　10）狭くて／静かじゃありませ
んでした

復習E

1．1）A：に　A：は　2）A：は／の　3）A：で／が　4）A：に　B：が　A：が
　　B：に　A：に　5）B：に

2.

(例：書かない)	(書きます)	(書く)	(書いて)	(書いた)
(行かない)	行きます	行く	行って	行った
急がない	(急ぎます)	急ぐ	急いで	急いだ
飲まない	飲みます	(飲む)	飲んで	飲んだ
遊ばない	遊びます	遊ぶ	(遊んで)	遊んだ
取らない	取ります	取る	取って	(取った)
買わない	(買います)	買う	買って	買った
(立たない)	立ちます	立つ	立って	立った
話さない	話します	話す	(話して)	話した
覚えない	(覚えます)	覚える	覚えて	覚えた
見ない	見ます	(見る)	見て	見た
勉強しない	(勉強します)	勉強する	勉強して	勉強した
来ない	来ます	来る	来て	(来た)

3．1）かく　2）見た／読んだ　3）行った　4）上手に　5）来る／見せ
　　6）撮ら　7）脱が　8）食事する　9）暗く

4．1）a　2）b　3）B：a　A：b　B：a

復習 F

1．行った／きれいだった／人だった／歌ったりした／楽しかった／行きたい

2．1）食べてもいい／洗った／洗った／習った／どうだった／難しかった　2）取って／
　どこ／思う／ない　3）暇／暇だ／遊びに来ない／待って（い）る

3．1）生まれた／見る／行く　2）できる／やめたい／やめてもいい／わかる／仕事だ
　　3）撮った／かけている／立っている／かぶっている

復習 G

1．1）を／へ／と／を／に　★くれました　2）に／が／と／が／に／と／が　★もらいま
　した　3）に／に／に　★あげます　4）が／が　★もらいました　5）は／で　★あげ
　ます

2．1）よかった／登る／撮った／あった　2）病気の／痛くて／あって
　　3）来て／雨だった／作って　4）教えて／暇な／わからなかった

3．1）a　2）b　3）a　4）b　5）b　6）b　7）a

総復習

1．1）何人／いつ／どこ　2）何／どんな／どちら／いくら　3）だれ／どの　4）何／
　どうして／どうやって／どのくらい　5）どう

2．1）が／を　2）に／を／と／を／に／も　3）が／が／で／が／と　4）に／が／の／

へ／に／が／が／に／の／と　5）で／が／を／から／に／が／に

3. 1) なる　2) 食べる　3) 言った　4) 寝る　5) 教えて／調べて
　　6) ある／眠くて／勉強し　7) 暑く／にぎやか／暇だった／遊び
4. 1) a　2) a　3) b／a　4) b　5) b／a　6) b／b　7) b／b　8) a
5. 1) 季節　2) 動物　3) 飲み物　4) 兄弟　5) 天気
6. 1) c　2) c　3) a／a　4) b／b　5) c／b　6) a／c／c　7) a／c
　　8) c／b

副詞・接続詞・会話表現の　まとめ　解答例

I

1. 1) a／b／a　2) a／b　3) b／a　4) b　5) a／b
2. 1) c　2) b　3) b　4) a　5) c
3. 1) ちょっと／残念ですが／今度お願いします　2) すみません／見せてください／こ
　　れをください　3) お上がりください／失礼します／これ／どうぞ
　　4) 飲み物／いかがですか／ありがとうございます／お願いします／いただきます
　　5) いかがですか／けっこうです／もう7時です／そろそろ失礼します／どうもありがと
　　うございました／また

II

1. 1) c　2) a　3) b　4) b　5) a　6) b　7) c　8) a　9) a　10) b
　　11) b　12) b
2. 1) b　2) c
3. 1) a　2) a　3) b／a　4) a　5) c　6) c／b　7) b　8) c